Alleinsein macht Sinn

Ulrich Beer · Malte R. Güth

Alleinsein macht Sinn

Von der Kunst mit sich einig zu sein

Ulrich Beer
(1932–2011)
Eisenbach, Deutschland

Malte R. Güth
Marburg, Deutschland

ISBN 978-3-658-13553-9   ISBN 978-3-658-13554-6 (eBook)
DOI 10.1007/978-3-658-13554-6

Die Deutsche Nationalbibliothek verzeichnet diese Publikation in der Deutschen Nationalbibliografie; detaillierte bibliografische Daten sind im Internet über http://dnb.d-nb.de abrufbar.

© Springer Fachmedien Wiesbaden GmbH 2018
Das Werk einschließlich aller seiner Teile ist urheberrechtlich geschützt. Jede Verwertung, die nicht ausdrücklich vom Urheberrechtsgesetz zugelassen ist, bedarf der vorherigen Zustimmung des Verlags. Das gilt insbesondere für Vervielfältigungen, Bearbeitungen, Übersetzungen, Mikroverfilmungen und die Einspeicherung und Verarbeitung in elektronischen Systemen.
Die Wiedergabe von Gebrauchsnamen, Handelsnamen, Warenbezeichnungen usw. in diesem Werk berechtigt auch ohne besondere Kennzeichnung nicht zu der Annahme, dass solche Namen im Sinne der Warenzeichen- und Markenschutz-Gesetzgebung als frei zu betrachten wären und daher von jedermann benutzt werden dürften.
Der Verlag, die Autoren und die Herausgeber gehen davon aus, dass die Angaben und Informationen in diesem Werk zum Zeitpunkt der Veröffentlichung vollständig und korrekt sind. Weder der Verlag noch die Autoren oder die Herausgeber übernehmen, ausdrücklich oder implizit, Gewähr für den Inhalt des Werkes, etwaige Fehler oder Äußerungen. Der Verlag bleibt im Hinblick auf geografische Zuordnungen und Gebietsbezeichnungen in veröffentlichten Karten und Institutionsadressen neutral.

Umschlaggestaltung: deblik Berlin
Einbandabbildung: © Marco2811/Fotolia

Gedruckt auf säurefreiem und chlorfrei gebleichtem Papier

Springer ist Teil von Springer Nature
Die eingetragene Gesellschaft ist Springer Fachmedien Wiesbaden GmbH
Die Anschrift der Gesellschaft ist: Abraham-Lincoln-Str. 46, 65189 Wiesbaden, Germany

Geleitwort von Roswitha Beer: Ein paar Worte zum Buch

Freundlicherweise bin ich eingeladen worden, ein paar Worte zu diesem Buch **Alleinsein macht Sinn** zu schreiben. Und gleich vorneweg: Dieses Buch ist ein großartiges Vorhaben, ein Experiment mit glücklichem Ausgang!

Nicht nur, dass aus dem zugrunde liegenden Buch **Kraft aus der Einsamkeit** von Ulrich Beer die wesentlichsten, die aussagekräftigsten und schönsten Stellen zitiert werden, diesen Texten Ulrich Beers konnte nichts Besseres passieren als ein Malte R. Güth, ein Student der Psychologie, der am Psychologischen Institut Marburg als engagierter wissenschaftlicher Mitarbeiter und Tutor arbeitet und der darüber hinaus selbst schon literarische Erfolge aufweisen kann. Wissenschaftlich und forschend zu arbeiten, der sogenannte Wissenschafts-Betrieb, ist ihm vertraut und – was fast noch mehr wiegt – als literarischer Schriftsteller ist er vertraut mit dem Wort.

Als Ehefrau und Textbearbeiterin der Ulrich-Beer-Texte, die ich einmal war, schätze ich die behutsame Art Malte R. Güths, die Schönheiten der Ulrich Beer-Texte herauszuschälen. Und ich schätze, wie Malte R. Güth, in seiner Beurteilung, seiner Darstellung die Aussagen Ulrich Beers reflektierend transparent macht und bereichert.

In Abschn. 2.1 zum Beispiel führt uns Malte R. Güth aus den facettenreichen emotionalen Betrachtungen Ulrich Beers in die eher analytische Wissenschaftswelt zweier amerikanischer Soziologinnen mit akademischer Trennungsschärfe. Und er eröffnet uns Einsicht und Auseinandersetzung mit anderen psychologischen und philosophischen Erkenntniswelten. Gut lesbar übrigens! Auf diese Art und Weise ergänzt und erweitert er die Ulrich-Beer-Texte und ermöglicht uns Lesern vertiefte Ansichten und abwägende persönliche Anschauungen.

Ich freue mich, dass das Thema Alleinsein und Einsamkeit als Antipode zur Betriebsamkeit unserer Welt und zu der uns abverlangten heutigen „Vielsamkeit", neu und fundiert, aufgegriffen wird. Ich freue mich, dass der Springer Verlag Wiesbaden ein Experiment startet, in dem er den damals zwar sehr bekannten, heute aber wohl eher vergessenen Psychologen und psychologischen Kommentator Ulrich Beer mit seinen besonderen Anliegen und wichtigsten Erkenntnissen wieder zu Wort kommen lässt und Malte R. Güth Raum gibt, diese Texte Ulrich Beers mit frischen Impulsen zu versehen.

Und es ist mir ein hohes Vergnügen, die Erinnerung an meinen verstorbenen Mann um diese Facette der Würdigung zu bereichern.

Gerne empfehle ich Ihnen dieses Buch und wünsche Ihnen Lesevergnügen und darüber hinaus „Gewinn": Ihre sehr persönliche Einsicht in eine möglicherweise eigene, noch nicht gedachte und erlebte innere Schau.

Eisenbach   Roswitha Beer
11. Februar 2017

Vorwort zur ersten Auflage

Oft ist das Bild, das Menschen in unserer Erinnerung hinterlassen, so klar, dass wir glauben, uns mit ihnen unterhalten zu können. Wir wissen, wie sie reagieren würden, und fühlen, was ihre Gegenwart in uns auslösen würde.

Am 11. Mai 2011 verstarb der erfolgreiche Schriftsteller und Psychologe Prof. Dr. Ulrich Beer, ohne dass ich jemals ein Wort mit ihm gewechselt hatte. Die folgenden seiner Texte habe ich arrangiert, stellenweise mit aktuellen Zahlen kommentiert und für die Zwecke dieses Buches angepasst. Dabei wusste ich nicht, was Herr Beer gutheißen oder bestreiten würde. Wenn ich seinen Ideen meine Perspektive gegenüberstellte, führte ich Selbstgespräche.

Beim Schreiben gab es in meiner Vorstellung einen gelehrten Schriftsteller, der mir durch seine Stiftung ein Stipendium ermöglichte und meinen beiden größten Leidenschaften nachging. In beiden gelangte er zur Reife, während ich in der Psychologie und dem Schreiben noch ein Leben lang zu lernen habe. Allerdings hat Herr Beer keine Sprechzeiten wie die Professoren am Fachbereich Psychologie der Philipps-Universität Marburg. Alles, was ich von ihm habe, sind seine Bücher. Diese haben zahlreichen Menschen Trost gespendet und Fragen aus der Wissenschaft in die Köpfe der Allgemeinheit getragen. Das Besondere an der fesselnden Lektüre ist, wie sie uns zurücklässt. Ein Stück des Autors bleibt bei uns, wenn wir das Gelesene in uns aufnehmen. Mein Bild von Ulrich Beer ist das, das er in seinen Texten hinterlassen hat.

So habe ich versucht, dieses Buch nach bestem Gewissen in Herrn Beers Sinne zu schreiben. Das wäre mir nicht gelungen ohne die Hilfe von Roswitha Stemmer-Beer. Ich danke dir für deinen wertvollen Rat und dafür, dass ich diese Texte in neues Licht rücken durfte.

Einsamkeit ist ein unterschätztes Gut. Sie um jeden Preis zu meiden, ist genauso folgenschwer wie sich in der Einsamkeit zu vergraben. Alleinsein macht Sinn ist die Behauptung, von der dieses Buch überzeugen soll. Es schafft hoffentlich, was Herrn Beers andere Werke bereits geleistet haben: Es soll inspirieren, es soll unterhalten und es soll ermutigen.

Marburg
19. April 2017

Malte R. Güth

Inhaltsverzeichnis

1 **Irgendwann ist es jeder** 1
   1.1 Ein Panoptikum 2
   1.2 Jeder Dritte lebt allein 10
   1.3 Sinn in der Einsamkeit finden 22
   Literatur 43

2 **Der weite Weg der Einsamkeit** 47
   2.1 Gründe und Abgründe der Einsamkeit 48
   2.2 Gesichter des Rückzugs 54
   2.3 Verfall und verfallen sein 70
   2.4 Kontrolle über das Selbst 84
   Literatur 107

3 **Zuwendung und Verfehlung des Ich** 111
   3.1 Die Verfehlung des Ich 112
   3.2 Was treibt den Einsiedler? 120

3.3	Wege nach Innen	125
3.4	Einsam im Kollektiv und frei allein	133
Literatur		140

4 Klausur und Kloster auf Zeit 143
4.1	Klausur als Chance	144
4.2	Exil und Meditation	149
4.3	Zeit zur Versenkung	155
4.4	Schöpferische Pause und Kreativität	161
Literatur		174

5 Mut zum Alleinsein 177
5.1	In der Stille wartet ein neuer Weg	178
5.2	Aus Einsamkeit wird Freiheit	181
Literatur		195

1
Irgendwann ist es jeder

Zusammenfassung Einsamkeit ist ein integraler Bestandteil des menschlichen Erlebens. Von vielen wird sie als Last und als ein Gefängnis empfunden, das den Menschen hinter unsichtbaren Gittern hält. Doch Einsamkeit birgt ein vielfältiges Potenzial. Allein die Umstände, die zur Einsamkeit führen, sind komplexer als traditionelle, negative Sichtweisen uns glauben machen. Sie kann sozialen Missständen, fremder Gewalt über uns, aber auch dem Wunsch nach Rückzug, Erholung und Besinnung geschuldet sein. In diesem einführenden Kapitel wird besprochen, welche Bedeutung die Einsamkeit in unserer Gesellschaft hat und warum es lohnenswert ist, sich mit der Einsamkeit zu befassen. Dabei soll deutlich werden, dass Einsamkeit ein Phänomen ist, das einen erheblichen Teil der Bevölkerung betrifft und eine Chance bietet, als Mensch zu wachsen.

Anhand klassischer Theorien der Psychologie, wird gezeigt, wie stille Reflexion zu diesem Wachstum verhelfen kann. Zuletzt soll dieses Kapitel zum Umdenken anregen. Einsamkeit betrifft nicht nur jeden, sie bietet sich jedem. Wir fühlen sie aus einem Grund, denn Einsamkeit ist sinnhaft. Sie ist ein natürliches Bedürfnis mit derselben Berechtigung wie das Bedürfnis nach Gesellschaft.

1.1 Ein Panoptikum

> *Malte R. Güth*

Der Mensch ist ein dialogisches Wesen. Von Geburt an leben wir in Gesellschaft. Um zu lernen, zu wachsen und zu leben, teilen wir soziale Gefüge. Unsere kommunikativen Fähigkeiten entwickeln wir ständig, sodass wir in Gruppen und im Alltag zurechtkommen. Sogar unsere Gedanken sprechen wir mal leise im Kopf, mal laut in den leeren Raum, als seien sie für ein unsichtbares Gegenüber bestimmt. Oft kommen wir erst durch den Austausch zu Erkenntnissen, die zuvor blockiert für uns waren. In der Antwort und der Reaktion des Gegenübers erfahren wir Kritik, Bestätigung und Rat.

Einen beträchtlichen Teil unseres Lebens verbringen wir in Gesellschaft. Die Organisation in Gruppen lieferte einen wichtigen Beitrag zu unserem evolutionären Erfolg und unserer modernen Zivilisation. Erfolgreiche multinationale Unternehmen sind Gesellschaften, Einkommensschwache wie Studierende, ja sogar Senioren, stützen sich gegenseitig in Wohngemeinschaften, und sowohl kleine Dörfer als auch Metropolen bestehen aus Gemeinden.

Da die Geselligkeit des Menschen offenbar zu einer solchen Bereicherung seiner Entwicklung geführt hat, erscheint die Einsamkeit als der unliebsame Ausnahmefall. Das ist jedoch ein trügerischer Eindruck. Jeder ist irgendwann allein. Immer in Gesellschaft mit anderen zu sein oder sich an andere Menschen zu ketten, ist keine Lösung und gelingt nur bedingt. Allein zu sein ist demnach keine Ausnahme, sondern die Regel. Es ist die Zeit, in der die Aufmerksamkeit fort vom Geschehen, das sich um die Außenwelt dreht, zum Selbst wandert. Was geschieht mit uns, wenn wir in diesen Zustand übergehen? Wenn alle Stimmen von außen schweigen und die eigene Gedankenstimme lauter wird?

An seinen körperlichen Funktionen und Bedürfnissen gemessen, gibt es keinen Grund, aus dem einem Organismus wie dem Menschen Einsamkeit schwerfallen sollte. Schließlich leidet unser Körper nicht, wenn wir lange allein sind. Solange wir weiter essen, trinken und schlafen, könnten wir ewig allein bleiben, ohne dass wir Schaden nehmen würden. Doch wie den Hunger, den Durst oder die Schlaflosigkeit meiden viele das Alleinsein, als sei es ein Mangel. Warum sollten Alleinsein und das Erlebnis von Einsamkeit gefürchtet werden? Oberflächlich ist keine Gefahr zu erkennen. Im Gegensatz zu Hunger und Durst ist die Einsamkeit kein Mangel. Die Einsamkeit ist ein Ausgleich.

Ein natürliches Bedürfnis

Man könnte einen Mangel an Schlaf mit dem Mangel an Einsamkeit vergleichen. Niemand kann Schlaf ewig vermeiden. Obwohl der genaue biologische Nutzen des Schlafes für den Menschen noch ergründet wird, merken wir ein stärker werdendes Bedürfnis, wenn wir zu lange ohne Schlaf sind. Wie ein Druck, der sich aufstaut, baut sich das Verlangen zu schlafen so lange auf, bis es übermächtig wird. Irgendwann fallen die Augen zu. Wenngleich ohne eindeutige biologische Beweise, ist psychologisch gesprochen der Schlaf unverzichtbar. Dass wir das tägliche Geschehen abschalten und Ruhe in ihm finden, macht den Schlaf zum Rückzug vom Bewusstsein – eine Pause von Denken und Erleben.

Mit dem Rückzug aus der Gesellschaft verhält es sich ähnlich: Für lange Zeit suchen wir Gesellschaft, so lange bis ein Grad der Sättigung erreicht und das Bedürfnis nach Austausch befriedigt ist. Das Bedürfnis nach Entlastung wird stärker. Ein Rückzug wird akut wichtig. Wie der Blutzuckerspiegel uns mithilfe einer Balance von Hormonkonzentrationen mitteilt, wann das Bedürfnis nach Nahrung und wann das nach Ruhe zur Verdauung größer ist, erfahren wir zyklisch den Wunsch nach Rückzug.

Wo die Schwelle für diesen Wechsel der Bedürfnisse liegt, unterscheidet sich zwischen Menschen. Ist ein Mensch eher extravertiert und gesellig, stellt er sich womöglich ins Zentrum der Aufmerksamkeit, sobald er in der Gruppe unterwegs ist. Sein Wunsch könnte sein, im sozialen Geschehen den optimalen Punkt der Hedonie, des höchsten Wohlbefindens, zu erreichen. Möglicherweise verbringt er viele Stunden in der Gruppe, möglicherweise vom frühen Morgen bis in die späte Nacht. Deutlich schneller bedient ist der Introvertierte. Er ist der Gesellschaft nicht abgeneigt. Er hat bloß bald schon genug von ihr und sein hedonistisches Optimum erreicht. Sein ganzes Leben hinweg ist der Wunsch nach stiller Introspektion immer stärker gewesen als der nach Gesellschaft. Deshalb sucht er früher als der Extravertierte die Ruhe (Eysenck 1994).

> **Introspektion**
>
> *Introspektion* ist in der Psychologie die Fähigkeit zur bewussten Beobachtung und Analyse der eigenen Gedanken, Gefühle und Verhaltensweisen. Die Aufmerksamkeit wird nach innen gelenkt, sodass wir uns nur auf unser eigenes Erleben konzentrieren. Wie bei der Meditation ist das Ziel, äußere Einflüsse vorübergehend auszuschließen und sich bewusst zu machen, was in einem Selbst vor sich geht. Oft wird die Introspektion in der Alltagssprache auch Selbstbeobachtung oder Selbstreflexion genannt.
>
> Vor allem in der Psychologie des späten 19. Jahrhunderts, als die Erforschung gedanklicher Prozesse wie Informationsverarbeitung in den Fokus vieler Psychologen rückte, war die Introspektion die einzige Möglichkeit, Einsicht in die Gedanken der Versuchspersonen zu gewinnen. Dabei war den Versuchspersonen natürlich nur das zugänglich, worüber sie bewusst nachdachten. Außerdem bemerkten die Wissenschaftler bald, dass sich Menschen darin unterschieden, wie gut sie darin waren, über das eigene Erleben und Empfinden zu reflektieren, mehr noch darüber zu berichten.
>
> Einige Menschen neigen wie einige der Versuchspersonen damals selten zur Introspektion und sind deshalb ungeübt. Dadurch sind sie nur mit Mühe oder gar nicht in der Lage, in Worte zu fassen, was sie bewegt. Anderen Menschen ist Introspektion sehr unangenehm, da sie sich nicht gerne mit sich selbst befassen. Diese Erkenntnisse gaben in der Vergangenheit vielen Psychotherapeuten den Anstoß, mit ihren Patienten an ihrer Introspektion zu arbeiten. Heute ist das Training der Fähigkeit, sich Erlebnisse, Gefühle und Gedanken bewusst zu machen, Teil zahlreicher psychotherapeutischer Verfahren.

Der Wunsch nach Rückzug ist psychologisch belegt. Allerdings ist in der psychologischen Literatur wie im allgemeinen Verständnis unserer Gesellschaft die traditionelle, negative Sichtweise auf Einsamkeit die Norm. Denn der Begriff Einsamkeit lässt im Allgemeinen nicht an Erholung oder Hedonie denken. Häufiger wird sie als ein negatives Gefühl, das es zu meiden gilt, beschrieben. Sucht man in wissenschaftlichen Online-Datenbanken, Lehrbuchkapiteln und oft zitierten Studien nach Einsichten über das Alleinsein und die Einsamkeit, bekommt der Suchende ein ernüchterndes Bild.

Dieses steckt schon in den vorangestellten Fragestellungen der Arbeiten, auf die ich bei meiner Literaturrecherche stoße: Induziert Isolation depressive Symptomatik? Wer reagiert wie stark auf Isolation und mit welchen negativen Emotionen? Unter welchen kognitiven Einschränkungen leiden wir durch Isolation? Sind alte, isolierte Menschen besonders demenzgefährdet? Welchen Beitrag leistet Isolation zur Entstehung und Aufrechterhaltung einer Depression oder einer schizophrenen Erkrankung?

Depression

Die *Depression* ist eine psychische Erkrankung, die vor allem das emotionale Erleben, die Aktivität und die Freude am Leben betrifft. Sie tritt in längeren oder kürzeren Episoden auf und äußert sich durch u. a. gedrückte oder traurige Stimmung, Hoffnungslosigkeit, eine starke Antriebsverminderung, den Verlust des Selbstvertrauens und des Selbstwertgefühls. Neben diesen Kernmerkmalen kann ein breites Symptombild wie z. B. Schlafstörungen, Appetitverlust, ständige Beschäftigung mit Schuldgefühlen oder sogar Selbstmordgedanken vorliegen. Je nach Symptomen, Schwere und Dauer der Erkrankung, ist die Depression eine

> der häufigsten psychischen Erkrankungen. 15 bis 20 % aller erwachsenen Menschen leiden im Laufe ihres Lebens an mindestens einer depressiven Episode. Lang andauernde soziale Isolation zählt in der wissenschaftlichen Literatur zu den wichtigsten bekannten Risikofaktoren, an einer Depression zu erkranken.

Psychologische und medizinische Studien zeigen in zahlreichen Belegen eine negative Tendenz als Folge des Rückzugs aus der Gesellschaft für das geistige und körperliche Wohl. Unter den Diskussionsteilen und Empfehlungen für zukünftige Forschung in diesen Arbeiten finden sich Appelle für eine Destigmatisierung psychischer Störungen. Leidende sollten sich nicht länger fürchten müssen, zuzugeben, dass sie Hilfe brauchen. Doch anstatt Unterstützung zu suchen, grabe sich der psychisch Kranke tiefer in seine Isolation, um sein Leid zu verstecken.

Angesichts der Befundlage ist es schwierig, für eine nuanciertere Betrachtung der Einsamkeit einzutreten. Schon das Anliegen, Einsamkeit als etwas Positives zu betrachten, klingt eigenartig. Wer einsam sei, sehne sich nach Kontakt. Kaum ein Mensch sei aus Überzeugung allein. Das sind weit verbreitete Annahmen über die Einsamkeit.

Auch abseits der wissenschaftlichen Betrachtung erscheint die Vorstellung, dass Einsamkeit angenehm sein könnte, zunächst unsinnig. Der Begriff Einsamkeit bezeichnet im Allgemeinverständnis einen betrüblichen Empfindungszustand. Wir reservieren ihn für Zurückgezogene in schweren Lebenskrisen. Es wird ungeprüft und von vornherein angenommen: Im Alleinsein würden quälende Gedanken lauter, das Grübeln über Befürchtungen intensiver und die Scham über den eigenen Zustand verschlimmere sich. Je länger wir einsam bleiben, desto unwirklicher wird die Vorstellung, in das gesellschaftliche Leben zurückzukehren. Soziale Ereignisse wie Geburtstage und Betriebsfeiern werden vermieden. Seien es gute Freunde, Arbeitskollegen oder Verwandte, keiner davon soll merken, wie schrecklich es einem geht. Immer ferner rücken die Aussichten auf Besserung und die Symptome mehren sich. So schließt sich der Teufelskreis von psychischen Beschwerden und Einsamkeit. Sie diene als Nährboden und Dünger für das Gedeihen düsterer Gedanken.

Dass es Menschen gibt, die unter ihrer Einsamkeit leiden, ist nicht von der Hand zu weisen. Doch die Einsamkeit wäre halb so schlimm, wäre sie in unseren Augen nicht dieses negative Konstrukt. Wer einsam ist, schämt sich oft, nicht auf Leute zugehen zu können oder daran zu scheitern, anderen zu gefallen. Dass die Person allein ist, müsse automatisch bedeuten, dass sie ein gescheiterter Mensch sei. Das ist eine übereilte und fragwürdige Schlussfolgerung. Die Liste einflussreicher Künstler und Denker, die in der Einsamkeit den Zenit ihrer Schaffenskraft erreichten, gibt Grund zur Annahme, dass mehr als Leid in der Einsamkeit steckt. Franz Kafkas makabre Erzählungen der Ohnmacht des Individuums vor einer erbarmungslosen Gesellschaft, Rainer Maria Rilkes Malte Laurids Brigge oder Jean-Jacques Rousseaus Flucht aus der Gesellschaft und Rückbesinnung auf den Urzustand des Menschen berichten nicht nur von der Einsamkeit, sie sind auch ihr Produkt.

Einsamkeit ist vielfältiger als bloßes Leid. In ihr steckt ein Potenzial, das leichtfertig vergeudet wird, wenn wir sie meiden. In einer nach außen geleiteten Gesellschaft, die zur Oberflächlichkeit, zum Materialismus und zur pausenlosen Beschäftigung mit immer tiefer in unser Leben eindringenden Medien anregt, ist sie ein unterschätztes Gut.

> Einsamkeit ist Introspektion, Meditation, Hort der Stille und Erholung. Die Furcht vor dem Alleinsein ist schädlicher als das düstere Grübeln, zu dem es einlädt. Wer nicht allein sein kann, kann nicht für sich sein. Er besteht nur im Treiben der Gesellschaft, aber nicht „im stillen Kämmerlein". Wer allein ist, wagt eine lohnenswerte Reise – eine, die zur Einigkeit mit sich selbst führt.

Von diesen Behauptungen werde ich nicht jeden überzeugen können. Ich will jedoch einen Versuch unternehmen, eine schwer nachvollziehbare Meinung zu vertreten. Wer allein ist, hat die Stille auf seiner Seite. Er stellt sich einer Reise ins Selbst, einer Reise zur Selbsterkenntnis. Die Wege dieser Reise können je nach Person verschieden und anders verlaufen und ungeahnte Möglichkeiten eröffnen. In diesem Buch möchte ich sie zusammen mit den Texten Ulrich Beers beleuchten: die produktive, die meditative, die quälende, die reflektierende, die harmonische, die leere, die bunte und die stille Einsamkeit, den Spiegel unseres Selbst. Ein Panoptikum der Einsamkeit.

1.2 Jeder Dritte lebt allein

> *Ulrich Beer*

Der Mensch ist ein Gemeinschaftstier – dies ist die volkstümliche Übersetzung jener Aussage der klassischen Philosophie, die ihn für ein *zoon politikon* erklärt. Alle anthropologischen Aussagen über den Menschen verweisen auf seine soziale Bedürftigkeit, seine Gemeinschaftsabhängigkeit: Von dem lapidaren Satz des Schöpfers in der Genesis angefangen „Es ist nicht gut, dass der Mensch allein sei" bis zu Ralf Dahrendorfs „Homo sociologicus". Und Goethe kann unwidersprochen im „Tasso" erklären:

> Was wir sind, das sind wir andern schuldig (von Goethe 1964).

Aber immer mehr Menschen bleiben sich dem andern schuldig, nehmen die täglichen Segnungen erlebter Gemeinsamkeit gar nicht mehr wahr. Sie leben allein in den Waben der Betongesellschaft, vom Nachbarn zwar akustisch schlecht, aber psychisch umso stärker isoliert. Je näher wir zusammenleben, umso störender empfinden wir offenbar die Nähe des anderen. Menschenhäufung garantiert noch nicht Menschenbegegnung. Im Gegenteil: Der erste Präsident unserer Bundesrepublik, Theodor Heuss, sprach einmal von der Verameisung unserer Gesellschaft, die zugleich Vereinsamung bewirke. Angeschlossen an die großen Netze der Massenkommunikation und -versorgung, leben bereits etwa ein Drittel unserer Gesellschaft Abend für Abend, Wochenende für Wochenende allein in ihrer Höhle – Maulwürfe der modernen Massengesellschaft, die mit Television und Telekommunikation die geistigen Verbindungsstränge zum öffentlichen Geschehen herstellt, an die der Mensch mehr oder minder passiv angeschlossen ist – vergleichbar dem Patienten in einer Intensivstation, der lediglich durch Schläuche und Drähte mit lebensspendenden Geräten verbunden ist und nun über sie am Leben gehalten wird.

Wie Liebe einst – so im Titel eines Romans von Thyde Monnier – „Liebe – Brot der Armen" (Monnier und Sander 1988) genannt wurde, ist heute die Telekommunikation das Brot der Einsamen – vor allem und noch immer natürlich das Fernsehen. Und hier stellt sich die erstaunliche Tatsache heraus, dass das Fernsehen heute schon der Schnuller des Kleinen, die elektronische Großmutter der etwas Größeren, aber auch noch der leuchtende Hausaltar der alleinstehenden Senioren ist. Einsamkeit ist eine lebensbegleitende Tatsache – ebenso wie die immerwährende, fast pausenlose maschinelle Unterhaltung der Zeitvertreibungsindustrie. [Ergänzung MG: *Das Fernsehen der nun heranwachsenden Generation ist das Internet. Mit fortschreitender Vernetzung durch soziale Medien und die digitale Welt erreichen uns zu jeder Zeit und an jedem Ort Nachrichten, Blogs, Posts, Videos und Live-Übertragungen aus allen Ländern der Welt. Dank Mobiltelefontechnologie wird die Abdeckung der Zeitvertreibungsindustrie nur noch durch den Ausbau des landesweiten Netzausbaus begrenzt.*

Solange mein Telefon eine Internetverbindung hat, werde ich nie ohne Ablenkung von der Einsamkeit sein.].

Einsamkeit kann sich hinter optischem und akustischem Lärm, hinter Betriebsamkeit und Phrasen, in Orgien oder Langeweile verstecken. Aber man kann sie nicht loswerden oder bewältigen, indem man ihr ausweicht, sich ablenkt oder betäubt.

Nicht einmal die ersehnte Zweisamkeit bietet die sichere Befreiung. „Beziehungskisten" zerbrechen und halten nicht, was sie versprachen. Ehen – heute ohnehin als spätbürgerliches Relikt patriarchalischer Strukturen belächelt – werden zögernd eingegangen und mit zunehmender Leichtigkeit aufgelöst. Für viele scheint die dann folgende Einsamkeit gegenüber den Beziehungszwängen fast noch das kleinere Übel zu sein. Und obwohl die meisten die Einsamkeit über alles fürchten, ist eine wachsende Zahl von Menschen in unserer Gesellschaft zu ihr verurteilt. Ein Widerspruch? Keineswegs der einzige: Er hängt mit dem anderen zusammen, der die Ehe betrifft und den ein respektloses Bonmot so ausdrückt: Die Hochzeit ist das Eingangstor zum Himmel, und die Scheidung ist die Ausgangspforte der Hölle. Die Ehe ist also ähnlich ambivalent und paradox, ist Lustschloss oder Zwangsanstalt, und viele Partnerschaften zeichnen sich dadurch aus, dass die beiden es weder miteinander noch ohne einander über längere Zeiten aushalten. Wohl niemand hat diese tief im Menschen verwurzelte Paradoxie von Anziehung und Abstoßung, Selbsthingabe und Selbstbehauptung schöner veranschaulicht als Arthur Schopenhauer mit seiner bekannten Fabel von den zwei Stachelschweinen:

1 Irgendwann ist es jeder

Es waren einmal zwei Stachelschweine, die sich in der Nacht dicht aneinander schmiegten, um sich gegenseitig zu wärmen, wobei sie sich jedoch unvermeidlich stachen. Gereizt und verärgert trennten sie sich, begannen jedoch schon bald vor Kälte zu zittern. Abermals suchten sie ihre Wärme und Nähe, wurden aber durch Schmerz und Ärger wieder auseinandergetrieben. Immer wieder versuchten sie es aufs Neue. Die Hoffnung auf die Wärme des Partners trieb sie zueinander, doch wurden sie bei jeder Berührung enttäuscht wieder auseinandergetrieben (Schopenhauer und von Löhneysen 1976).

Insofern ist es nur konsequent, wenn man die Probleme der Alleinlebenden in Beziehung setzt zur Stellung der Ehe in unserer Gesellschaft und Geschichte, denn beide verhalten sich in der Tat wie zwei kommunizierende Röhren.

Die Stellung der Alleinlebenden lässt sich nicht verstehen ohne einen Blick auf die Bedeutung der Ehe in unserer Gesellschaft. Sie ist in einer Entwicklung, die über Jahrhunderte reicht, zu einer Art Monopolinstitution des Verhältnisses von Mann und Frau geworden: Immer mehr Menschen heiraten immer früher, jedenfalls wenn man das zwanzigste Jahrhundert mit dem vorangegangenen vergleicht. Während trotz der allgemeinen Ehekrise auch heute noch über 90 % der Menschen in unserer Gesellschaft irgendwann heiraten, waren es vor ein- bis zweihundert Jahren kaum die Hälfte, und die Zahl der Frühehen hat sich in einem halben Jahrhundert verzwölffacht – parallel zur explosiven Steigerung der Scheidungsziffern.

Auch die Scheidung ist übrigens keine Absage an die Ehe, sondern eher so etwas wie eine heimliche

Liebeserklärung an sie – oder wie soll man es deuten, dass 70 % der Geschiedenen schon innerhalb von drei Jahren erneut heiraten? [Ergänzung MG: *2015 waren ca. 15 % der Eheschließungen Wiederverheiratungen*[1].].

Das heißt doch wohl nicht, dass sie von der Ehe genug hätten und klüger geworden wären, sondern eher, dass sie einen so hohen Begriff von der Ehe haben, dass sie eine schlechte gegen eine bessere eintauschen wollen, und in der Tat verlaufen die Zweitehen harmonischer. Trotz der elementaren Krise der Ehe, trotz zunehmender Scheidungsziffern, trotz des gewachsenen persönlichen und finanziellen Risikos, das mit der Ehe verbunden ist, stellt sie immer noch die Regelinstitution der Beziehung zwischen den Geschlechtern und wohl auch insgeheim den Wunschtraum der meisten Alleinlebenden bis weit über die Lebensmitte hinaus dar.

Gleichwohl bilden die Singles – schon weil die Ehe in einer wachsenden Zahl von Fällen nicht über die ganze Länge des Lebens andauert – einen beachtlichen Anteil der Bevölkerung, und zwar ungefähr ein Drittel [Ergänzung MG: *Die durchschnittliche Länge einer Ehe in Deutschland betrug 2015 14,9 Jahre. Zum Zeitpunkt der Scheidung waren Männer etwa 46 und Frauen 43 Jahre alt. Zwar scheint die Ehe kein Bund fürs Leben mehr zu sein, aber dieser Trend nimmt ab. Im 21. Jahrhundert ist die Durchschnittsdauer einer Ehe bis zur Scheidung jährlich gestiegen.*] Allerdings setzt sich diese Großgruppe aus sehr

---

[1] Zahlen vom Statistischen Bundesamt (https://www.destatis.de), Stand November 2016.

verschiedenen Untergruppierungen zusammen: Da sind die jungen, noch Unverheirateten auf der einen und die durch Tod eines Partners einsam gewordenen Alten auf der anderen Seite. Dazwischen aber ist die weitaus vergleichbarere Großgruppe der Erwachsenen, die entweder ohne ständige Partnerschaft, zeitweilig oder auch für die Dauer getrennt oder geschieden leben. Jedes Jahr kommen in der Bundesrepublik rund eine viertel Million hinzu – allerdings oft nur für die Dauer einiger Jahre. Immer mehr Menschen machen als Erwachsene die Erfahrung zeitweiligen oder dauernden Alleinlebens – sei es, weil das Erwachsenenleben früher beginnt, sei es, weil die Partnerschaft früher endet, sei es, weil das Leben für die meisten länger dauert. Aber nicht die Soziologie der Alleinlebenden soll uns hier interessieren, sondern die Psychologie des Alleinlebens.

> Um allein zu leben und das Alleinleben auszuhalten, muss man stark sein, und um es bejahen zu können, braucht man ein stabiles Selbstwertgefühl und das Bewusstsein, in sich selbst einen guten, ja den besten Freund zu haben.

Offenbar fällt dies dem Menschen schwer. Er ist auf Partnerschaft, Austausch, Zusammenarbeit angelegt. Schon eine zweite Bezugsperson kann Schwankungen und Schwächen ausgleichen, bedrohtes Gleichgewicht stabilisieren helfen. So heißt es schon im Prediger Salomo:

Einer mag überwunden werden, zwei werden widerstehen.

Wahrscheinlich kennt jeder Alleinlebende Zeiten des Selbstzweifels und der Depressionen, Minderwertigkeitsgefühle und Ängste. Man kann bei diesen Leiden sogar vom typischen *Einsamkeitssyndrom* sprechen. Immer wenn Abweichungen gefährlich werden – Alkoholkonsum in Alkoholismus, Minderwertigkeitsgefühle in Verzweiflung, Trauer in Todessehnsucht übergehen –, ist dies mit dem Schritt in die Einsamkeit, in die Isolation, die Verinselung verbunden.

Für die meisten heute ist das Schicksal mehr oder weniger aufgezwungen, weil sie nach gescheiterten Versuchen allein geblieben sind oder ihre Partner-, insbesondere Paarbeziehungen nicht das Leben überdauerten. Zum Gefühl der Isolation kommt der Vorwurf des Scheiterns, häufig der Schuld, immer aber der Unvollständigkeit und des Ungenügens. Trotziges Auftrumpfen wechselt mit sehnsüchtiger Trauer. Wehmütige Schatten fallen auf die unwiederbringliche Vergangenheit, und auch die Gegenwart scheint sinnlos zu verstreichen.

Wie anders hatte man sich alles vorgestellt, musste es so kommen, andere sind doch auch glücklich, so lauten – hundertfältig variiert – die Fragen und Vorstellungen, die nicht aus der Misere führen, sondern sie eher vertiefen. Die bestürzendste Erfahrung vielleicht ist, dass die glückliche und problemlose Umwelt so gut wie nichts tut, die Misere der Einsamen zu erkennen und heilen zu helfen. Die große Ausnahme ist der Todesfall. Hier ist das Verhalten ritualisiert: Man gibt sich schwarz umrandet, nimmt Anteil, erweist die letzte Ehre, bekundet Respekt und Hilfsbereitschaft – wenn auch dies meistens nur für wenige Wochen, aber immerhin ist es etwas, was den zurückgebliebenen Einsamen aufrichtet und stärkt.

Wer aber verlassen wurde oder verlassen hat, wer gar Beziehungen wechselt oder einfach keine dauerhafte findet, wer also zwischen spärlichen Höhen die gleichwohl tiefen Täler der Tränen und der Trauer durchwandert, wird auf wenig Mitgefühl rechnen können. Und hier verhalten sich alle gleich, Klubs und Vereine, Kirchen, Freundeskreise und Verwandtschaft: Man schneidet und meidet, aber kaum jemand besucht oder lädt ein, schreibt oder telefoniert. So etwas ist peinlich und wird umgangen. Man redet über, aber nicht mit, man geht um den Einsamen herum, aber nicht auf ihn zu. Hier zeigt sich auch, in welchem Maße die Gemeinde lebendig, Bruderschaft und Schwesternschaft real ist oder nur verbal: Bis jetzt sind die Gemeinden blind gegenüber dieser Aufgabe oder damit überfordert, obwohl es eine der größten pastoralen Aufgaben des 20. und 21. Jahrhunderts sein dürfte, Menschen aus ihrer Verzweiflung und Isolation zu befreien, die ja auch kraftlos und mutlos macht, von sich aus zu kommen, sich zu engagieren oder sich auch nur unter Menschen zu zeigen.

Die Betroffenen erleben die Peinlichkeit doppelt, die schon den Außenstehenden hindert, das Selbstverständliche zu tun. Wie soll er es tun, für den die Welt voller Barrikaden und Hindernisse zu liegen scheint? Der echte Trauerfall ist das schönere Schicksal, wenn auch er in die Einsamkeit führt. Aber Martin Luther sagt:

> Es gibt keine süßere Verbindung als die einer guten Ehe.
> Es gibt keine herbere Trennung als die einer guten Ehe.

Wenn eine glückliche Ehe getrennt wird, so geschieht dies meistens durch Tod, und in der Mehrzahl der Fälle überlebt die Frau ihren Mann. Die Frauen haben heute eine allgemeine Lebenserwartung von fast 83 Jahren, die Männer sind bei etwa 78 Jahren. Man ist geneigt, diese Tatsache im Sinne der Männer bedauernswert zu finden, aber sind die Frauen, die an ihren Gräbern zurückbleiben, nicht noch bedauernswerter? In der Bundesrepublik leben heute insgesamt mehr als vier Millionen Witwen [Ergänzung MG: *2016 waren es ca. fünf Millionen Witwen*]. Würden sie sich zusammenschließen, wären sie eine mächtigere Organisation als Bauern- oder Vertriebenenverbände. Sie kämen an Stärke fast an den Deutschen Gewerkschaftsbund mit seinen sechzehn Einzelgewerkschaften heran. Nun, einem solchen Vergleich haftet etwas Irreführendes an. Es geht hier nicht um das Gewicht der großen Zahl, sondern im Gegenteil um unzählige Einzelschicksale.

Häufig werden Frauen besser mit dem „Hinterbliebenen-Schicksal" fertig. Werden nicht gerade sie stets traditionell zum schwachen Geschlecht gezählt, wenn es darum geht, eine Tat zu vollbringen, die den ganzen Einsatz fordert? Nun, dies mag in körperlicher Hinsicht stimmen, doch bekanntlich ist es so, dass nervlich und seelisch eine Frau Belastungen besser verkraften kann als ein Mann. [Ergänzung MG: *Traditionelle Geschlechterrollen stimmen nicht immer mit wissenschaftlich gewonnenen Erkenntnissen überein. Es gibt Unterschiede in Persönlichkeitseigenschaften wie der Verträglichkeit (z. B. wie warmherzig, vertrauensvoll, aber auch darauf bedacht, harmonisch mit anderen auszukommen, ein Mensch ist) und im emotionalen Erleben zwischen den Geschlechtern.*]

Allerdings werden beispielsweise Unterschiede in der Stärke von Trauer oder Furcht, gerade wenn es um hirnphysiologische Grundlagen des Emotionserlebens geht, in kontrollierten Laborsituationen erhoben. Z. B. werden furchterregende Bilder gezeigt oder Versuchspersonen darauf trainiert, bei bestimmten Signalen einen leicht schmerzhaften Elektroschock zu erwarten. Dabei sitzen Versuchspersonen in klimatisierten, abgedunkelten, stillen Räumen, tragen Elektroden am Körper oder liegen in der finsteren Röhre eines Magnet-Resonanz-Tomografen. Wie stark dabei bestimmte Gehirnregionen bei Männern im Vergleich zu Frauen aktiv werden oder wie viel Furcht berichtet wird, ist weit von natürlichen Lebenskrisen entfernt. Es gibt langfristige Untersuchungen, die Menschen in Lebenskrisen über Jahre begleiten und befragen. Da die Versuchspersonen hier aber nach jeder Befragung in ihren individuellen Alltag zurückkehren, ist nicht zu beurteilen, was im Leben der Menschen geschieht und was ihnen Kraft gibt, Lebenskrisen zu überwinden. Weder Laboruntersuchungen noch traditionelle Geschlechterrollen können daher mit Sicherheit sagen, ob eine Frau oder ein Mann besser geeignet ist, seelische Belastungen durch schwere Verluste zu überstehen.].

Kriegswitwen

Das beste Beispiel scheint uns der Krieg zu geben. Traf es nicht die Frauen oft viel härter in den ausgebombten Städten als ihre Männer an der Front? Nicht nur ihre eigene Haut war zu retten, sondern die der Kinder, die obendrein versorgt werden mussten. Wohl jede Frau, die dieses Erlebnis mitgemacht hat, ist davon geprägt. Während mancher

> Mann sich nach dem Krieg schwer tat, sich wieder an das zivile Leben zu gewöhnen, hatten die Frauen längst begriffen, worauf es in höchster Not ankam. Sie hatten das Organisieren von Lebensmitteln längst gelernt. Der Kampf ums nackte Überleben und das ihrer Kinder oder Eltern, die nicht mehr in der Lage waren, sich selbst zu versorgen, hatte so manche Frau an den Rand der Verzweiflung gebracht. Und dies alles unter ungeheuren seelischen Belastungen, die die ständige Angst vor neuen Bombenangriffen mit sich brachte.
>
> Aber trotz der Stärken, die Frauen gleichermaßen wie ihre Männer beweisen mussten, können sie aufgrund gesellschaftlicher Erwartungen doch ihren Gefühlen freieren Lauf lassen als die Männer. Frauen sind oft stärker als Männer und die Umwelt es wahrhaben wollen, ob es Seele, Geist oder die körperliche Kraft betrifft. Und obwohl manche Witwe vermisst, ihren Kopf einmal an die Schulter ihres Mannes lehnen zu können, kann sie doch, wenn es darauf ankommt, genauso gut das starke Geschlecht sein, aber trotzdem verständnisvoll und einfühlsam für die Sorgen der Kinder. Womöglich ist eine Frau besser dran, die allein zurückbleibt, als ein Mann, wenn es um die Versorgung des Haushalts geht. Aber das allein ist es ja nicht. Wie steht sie zur Außenwelt, wie wird sie akzeptiert? Wie stark fühlt sie sich reduziert, in ihrem Alleinsein? Was wenn sie entschieden hatte, sich ganz der Kindeserziehung zu widmen? Hatte sie einen Mann, der im öffentlichen Leben stand, der Ansehen genoss und berufliche Karriere gemacht hatte, fehlen ihr ohne ihn vielfach das Einkommen und die Kontakte, um selbst noch eine Karriere zu starten. Auch wird sie sich in ihrem Alleinsein in ihrem sozialen Umfeld neu arrangieren müssen.

Trauern reicht tief. Was heißt das: Wir trauern? Hierauf gibt es wohl mehrere Antworten. Ist es nicht viel mehr das Schicksal des Hinterbliebenen selbst? Schwäche, Hilflosigkeit, Versagen, Leid, Neuanfang und das

Allein-Weiterleben stimmen uns erst richtig traurig. Der Sinn des Lebens wird infrage gestellt. Mit dem Tod des Partners sind noch Wünsche und Träume zurückgeblieben, die nicht mehr verwirklicht werden können. Der Betroffene muss sich geschlagen geben. Oft verfällt er dabei in eine tiefe Krise. Lebensfreude und Erwartungen gräbt er tief ein, sodass nichts mehr bleibt, um das Leben zu erhellen. Diese Leere steigert sich meist noch in Wut gegen das Schicksal, das er erleiden musste, vielfach entwickelt er eigene Schuldgefühle. Dies kann sogar zu einer totalen Wertlosigkeit und Missachtung der eigenen Person werden. In tiefer Trauer und im Leid fällt es uns schwer, die Zeit der Erinnerungen mit Dankbarkeit anzunehmen. Was hätte sein können, wenn der Verstorbene noch leben würde, wiegt viel schwerer. Alter und körperliche Einschränkungen kommen hinzu und ebenso das Alleinsein, das wir nun bewältigen müssen.

Trauern können wir aber auch auf eine ganz andere Weise. In unserem Herzen lebt der Verstorbene weiter. Und wenn das Leben jetzt ohne ihn weitergehen muss, lassen wir ihn in Gedanken daran teilnehmen.

Trauer ist kein gesellschaftlich teilbares, sondern ein individuelles Gefühl. Trauer im eigentlichen Sinn ist ein rein seelisches Erleben nach dem Tod eines Menschen, mit dem der Hinterbliebene eng verbunden war. Der Bereich von Tod und Trauer ist stark von Vorurteilen und Verdrängungen belastet.

Der Tod ist nicht die einzige, oft plötzliche Trennungstatsache für die Menschen. Immer mehr nimmt der Verlust durch Entfremdung oder Scheidung an Bedeutung zu. Auch diese Trennung ist unfreiwillig, selbst wo sie aktiv vollzogen wird. Denn jeder, der in eine Lebenspartnerschaft sein Leben einbrachte, hatte sich das Leben anders vorgestellt. Die gestiegenen Scheidungsziffern signalisieren die Tragödien der Einzelschicksale und bilden die Grundlage für die soziologische Großgruppe der Singles.

Im Durchschnitt ereilt dieses Schicksal – wie gesagt – heute schon jeden dritten unter uns. Und im Alter wird es fast jeden erreichen. Einsamkeit ist eine existenzielle Tatsache. In der Passionspredigt am Sonntag Invocavit im März 1522 hat Martin Luther diese Einsamkeit so beschrieben:

> Wir sind allesamt zu Tode gefordert, und keiner wird für den andern sterben, sondern jeder in eigener Person für sich mit dem Tode kämpfen … Ich werde dann nicht bei dir sein noch du bei mir (Luther 1983).

1.3 Sinn in der Einsamkeit finden

» *Malte R. Güth*

Unabhängig davon, wie der gesellschaftliche Wandel ihre Zahl im Laufe der Zeit beeinflusst, diejenigen, die unter Rückzug und Alleinsein leiden, wird es immer geben. Auch die globale und mediale Vernetzung kann Einsamkeit nicht beenden. In dieser Gewissheit steckt jedoch Trost:

> Wer unglücklich einsam ist, wird nie allein sein. Es wird immer Leidensgenossen geben, die Trauer, Scham und Schuld besser nachempfinden können als alle anderen.
> Wer glücklich einsam ist, wird es immer sein können. Refugien und Exil, welche Form sie auch annehmen, werden nie verschwinden.

Aber warum fühlen wir wie wir fühlen? Warum sind wir zu diesem Zustand fähig? Einsamkeit ist schließlich ein Gefühl und kommt von innen, vorausgesetzt ein Ereignis von außen sorgt in uns für diese emotionale Reaktion. So mag Einsamkeit viele Auslöser aus unserem Umfeld haben.

Warum z. B. trifft uns die Einsamkeit gerade im fortgeschrittenen Alter? „Im Alter wird es fast jeden erreichen" ist eine Feststellung, die pessimistisch in Erwartung des Lebensabends stimmt. Tatsächlich nehmen das Rückzugsverhalten, wie das Vermeiden gemeinschaftlicher Aktivitäten, und der Abbruch früherer Beziehungen im Alter zu. Es leuchtet ein, dass nicht jede Beziehung ein Leben lang hält. Irgendwann verlieren wir uns aus den Augen. Noch entscheidender ist, dass wir im Alter lernen, die Beziehungen wertzuschätzen und zu pflegen, die uns wirklich wichtig sind. Der Rückgang der Beziehungen kann als sorgfältige Auswahl und Verteilung der verbleibenden Energie gesehen werden. Schließlich will eine gute Beziehung gepflegt werden und verlangt uns Kraft ab. Wenn die Kraft im Alter abnimmt, ist die Zahl der engen Beziehungen zu reduzieren eine sinnvolle Strategie. Besinne dich auf das, was dir am Herzen liegt.

Es gibt sogar wissenschaftliche Befunde, die darauf hinweisen, dass die Mehrheit abgebrochener Beziehungen im Alter selbst gewählt und nicht fremd bestimmt sein könnte (Lang 2000). Sollte z. B. der Ehepartner erkranken oder sterben, ist das für viele Anlass, sich zurückzuziehen. Das mag sowohl der Pflege des Ehepartners als auch dem Trauerprozess geschuldet sein. Die meisten Beziehungsabbrüche zu Freunden oder Familie im Alter sind aber freiwillig und nicht durch Tod oder Erkrankung bestimmt. Es sind nicht bloß Schicksalsschläge, die uns zum Rückzug bewegen. Öfter noch ist es die eigene Entscheidung, mehr Zeit für sich zu haben. Das spricht für die Idee, dass wir im Alter ein Bedürfnis entwickeln, uns zurückzuziehen und den Kreis unserer Liebsten enger zu ziehen.

Für das Alter erscheint es angemessen, dass wir allmählich des gesellschaftlich überfüllten Lebens müde werden. Am Lebensabend bedarf es oft der Entlastung von den Strapazen, die Beziehungen und die Anteilnahme am Leben anderer mit sich bringen. Sich über die Leben anderer auf dem Laufenden zu halten und sie zu verfolgen, ist dann aufwendiger als in der Jugend. Größer wird die Sehnsucht nach einem beschaulichen Refugium für die letzten Jahre.

Doch wie ist es mit der frühen Ehe und der bald folgenden Scheidung? Ulrich Beer nennt den frühen Zerfall der Ehe als Quelle der Einsamkeit. Ausgerechnet in jungen Jahren soll die Einsamkeit schon zunehmen?

Es ist womöglich ein Vorurteil jeder älteren Generation, dass die nächst jüngere unbedarft und übereilt handelt. Für die Vorstellung, junge Menschen würden sich zunehmend verfrüht in die Ehe stürzen und sich deshalb bald schon scheiden lassen, gibt es kaum eine Grundlage. In den letzten 20 Jahren ist das Durchschnittsalter zur Eheschließung leicht gestiegen auf ca. 31 Jahre[2]. Ebenso die Dauer der Ehen, die geschieden werden, hat im 21. Jahrhundert um zwei Jahre zugenommen. Dass die jüngeren Generationen sich erst später auf die Ehe einlassen, verwundert nicht. Sich auszuleben, Karriere zu machen, die Möglichkeiten, die einem gegeben sind, voll auszuschöpfen, die Welt zu entdecken und sich irgendwann einmal oder überhaupt nicht fest binden zu wollen, sind weit verbreitete Einstellungen unter den heute Heiratsfähigen. Mit dem Wegfall fester Bindungen, geht allerdings der Halt verloren. Sein Leben lang frei und ungebunden zu bleiben, kann irgendwann zur Rastlosigkeit führen. Wenn alles erprobt und die Ermüdung groß ist, fehlt der Anker im Leben, fehlt der Mensch, mit dem wir zur Ruhe kommen könnten.

Dass die Gesamtzahl der Scheidungen zunimmt, während die der Eheschließungen absinkt, ist nicht zu leugnen. Dabei handelt es sich vermutlich um ein notwendiges Übel. Gesetzliche und soziale Scheidungsbarrieren werden zunehmend reduziert. Die Gesellschaft ächtet Geschiedene nicht länger, sondern bringt Mitleid und Verständnis für sie auf. Beides ist herablassend, aber zu kümmern statt zu auszugrenzen, erscheint mir als die angemessenere Art mit diesem Lebenswandel umzugehen. Natürlich sinken Hemmschwellen, die Scheidung zu wählen. Die Gefahr

---

[2]Zahlen vom Statistischen Bundesamt (https://www.destatis.de), Stand November 2016.

besteht, nicht alles zu unternehmen, um die Beziehung zu retten, wenn es leicht gemacht wird, sich scheiden zu lassen. Doch in einer unglücklichen Beziehung zu verharren, um den Anschein zu wahren oder nicht allein zu sein, ist die schlimmere Aussicht.

Unglückliche Einsamkeit kann nicht nur außerhalb, sondern auch innerhalb einer Beziehung entstehen. Wenn Partner einander nicht länger beachten und sich wie Luft behandeln, könnte man genauso gut allein leben. Einsamkeit findet sich auch in Anwesenheit anderer. Die kalte Ablehnung und Missachtung des Partners kann sie sogar verstärken. In besonders tragischen Fällen des Missbrauchs in der Ehe erlebt einer der Partner die Beziehung als Zelle. Wenn der Mensch, mit dem ein Bund fürs Leben geschlossen wurde, sich als Folterknecht und Gefängniswärter entpuppt, kommt das Festhalten an dieser Beziehung einer Isolation gleich. Um der Schinderei des anderen zu entgehen, ziehen wir uns zurück in unser Inneres. Der andere soll nicht sehen, wie verletzt wir sind. Ihm können wir nichts anvertrauen. Wir behalten alles für uns, eingepfercht in uns, umgeben von unsichtbaren Mauern um unsere Fantasie, unsere Träume, Wünsche und Hoffnungen. Die Einsamkeit ähnelt dann einem Schutzmechanismus. Sich anderen zu öffnen, hat sich als Risiko erwiesen. Deshalb glauben wir, vorsichtig sein zu müssen. Enttäuscht, verletzt und geschieden könnte sich dieses Lebensgefühl auch nach der Trennung noch fortsetzen. Rückzugsverhalten und ständiges Misstrauen könnten die Folgen sein.

Und doch ist in diesem Unglücksmoment ein Rückzug wichtig. Leid muss verarbeitet und bewertet werden. Am besten gelingt das in der Einsamkeit. In der Stille findet sich Klarheit, die im Treiben des Alltags oder in Gegenwart des Partners verloren geht. Gefühle, die sich aufgestaut haben, weil wir sie im ersten Augenblick nicht zugelassen oder verkannt haben, brechen durch. Es ist eine Herausforderung, aus dem Strom der Eindrücke herauszufiltern, was unsere Entscheidungen leiten soll. Mehr noch als die Entscheidung, die uns die meisten Vorteile bringt, wünschen wir uns Kohärenz mit unserem gefühlten Selbst, eine Entscheidung, die die beste Spiegelung unserer Persönlichkeit darstellt. Diese Form der Integrität ähnelt Kants kategorischen Imperativ:

> Handle so, dass die Maxime deines Willens jederzeit zugleich als Prinzip einer allgemeinen Gesetzgebung gelten könne (Kant und Weischedel 1977).

Was wir dadurch gewinnen, ist die *Kongruenz des Selbst* und des *idealen Selbst* (Rogers 1951).

> **Kongruenz**
> Der Psychologe Carl Rogers definierte *Kongruenz* als Zustand der erlebten Integration aller Erfahrungen und Empfindungen. D. h. dass keine Erfahrung, die wir im Laufe des Lebens gemacht haben, verdrängt werden muss, sondern bewusst repräsentiert werden kann. Wir können zu jeder Empfindung und jedem Eindruck stehen, egal ob positiv oder negativ. Erst wenn sich alle Erfahrungen eines Menschen zusammenfügen, wahrgenommen und bedingungslos akzeptiert werden können, ist ein Mensch zur vollen Reife gelangt.

Rogers sprach in diesem Zusammenhang von einer *fully functioning person,* einer vollständig funktionierenden Person. Wenn eine Person nicht fähig sei, körperliche Wahrnehmungen und deren bewusste Repräsentation, die Erfahrung, in ihr Selbstkonzept zu fügen, erleide sie Inkongruenz. Unsere Selbstvorstellung passe nicht zu dem, was wir erleben und fühlen. Das liege daran, dass wir Empfindungen von uns stoßen würden. Nur wenn eine Person es bewerkstellige, alle Handlungen und Gefühle als Teil des Selbst zu sehen, erlange sie Kongruenz zwischen dem erlebten, realen Selbst und der Idealvorstellung. Dafür brauche es bedingungslose Akzeptanz.

> Jede Erinnerung, die wir haben, ob traurig oder glücklich, und jede Tat, ob ehrwürdig oder bedauerlich, können wir als Teil unseres Selbst akzeptieren. Wir erkennen, wie sie zum Menschen, der wir sind, beigetragen haben.

Vergleichbare Gedanken äußerte Erik H. Erikson in seinem Stufenmodell der psychosozialen Entwicklung (Erikson 1993). Er nahm an, dass Menschen im Laufe ihres Lebens acht klar abgrenzbare Phasen der Entwicklung durchleben würden. Jede Phase sei durch psychologische Konflikte gekennzeichnet, deren Ausgang den Fortschritt der Entwicklung bestimmen würde. Am Ende unseres Lebens, wenn wir zurückblicken und resümieren, stehen sich im Modell *Ich-Integrität* und *Verzweiflung* als mögliche Ausgänge gegenüber. Bei erfolgreicher Bewältigung des Konflikts folge Akzeptanz für die Endlichkeit des Lebens, während ein Fehlschlag zu Reue und Angst vor dem Tod führe. Die Gewissheit bei der Reminiszenz des Lebens, einen Sinn, einen roten Faden zu entdecken, der sich bis zur Gegenwart verfolgen lässt, gebe uns Kraft, den Lebensabend glücklich zu verbringen.

> **Reminiszenz**
>
> *Reminiszenz* ist eine Methode zur Aufbereitung von Erinnerungen. Sie kann durch andere geleitet oder allein stattfinden. Die Idee ist, das Leben Revue passieren zu lassen, einzelne Erfahrungen herauszusuchen, die uns geprägt haben, und ihre Bedeutung für uns zu ergründen. So soll es am Ende leichter fallen, das Leben als Ganzes zu betrachten und nachzuvollziehen, wie jede Erfahrung den heutigen Menschen formte. Dabei ist sowohl die Beschäftigung mit positiven als auch mit negativen Erinnerungen von Bedeutung, da die Beiträge beider Arten wertgeschätzt werden soll.

Es gibt therapeutische Interventionsansätze, die sich an Eriksons Modell orientieren. Menschen im fortgeschrittenen Alter sollen dabei begleitet werden, positive und negative Erinnerungen ihres Lebens erfolgreich in ihre Biografie zu integrieren und ein Sinngefühl zu entwickeln (Pinquart und Forstmeier 2013).

> **Reminiszenz**
>
> Ich erinnere mich genau an jeden Fehler meines Lebens. Die schlimmsten haben sich unwiderruflich in mein Gedächtnis eingebrannt. Ich versuche stets, mir vor Augen zu halten, dass sie ein Teil von mir sind. Hätte ich mit sechzehn nicht das Auto meines Nachbarn geklaut, es gegen einen Baum gefahren und nicht die Strafe meines Lebens

dafür bekommen, hätte ich vielleicht nie gelernt, mich zu beherrschen. Dann wäre ich heute wohl im Gefängnis oder schon tot. Hätte ich nicht einen Winter lang in einer originellen, aber schlecht isolierten Wohnung in einem Szeneviertel gefroren, wäre ich niemals pragmatischer geworden. Und hätte ich nicht alleine den Ausflug in die Urwälder Argentiniens unternommen, hätte ich mich nicht verlaufen, wäre nie vor Dehydrierung ohnmächtig geworden und hätte nach meiner Rettung nie die Krankenschwester kennengelernt, die ich einmal heiraten würde.

In den Theorien des Psychoanalytikers Erik Erikson ist Identitätsfindung eine Lebensaufgabe. In acht Stufen müssen wir sie uns erarbeiten. Jede Stufe ist eine Herausforderung, die wir bestehen oder an der wir scheitern. Die letzte Hürde ist die der Ich-Integrität: Am Ende meines Lebens, soll sich alles zusammenfügen. Wenn sich die Erinnerungen eines ganzen Lebens angehäuft haben, möchte ich auf sie zurückblicken und die Geschehnisse ohne Bedauern akzeptieren können. Das ist der finale Schritt zur Selbstakzeptanz.

„Erinnern Sie sich oft an früher?", frage ich gerne zu Beginn. „Nein, tue ich nicht", hat mir ein Patient mal gesagt. „Nur verlogene Idioten erinnern sich und sind dabei glücklich. Ich erinnere mich nicht gerne, weil ich ehrlich zu mir bin. Können Sie mir damit helfen?" Als ich ihn fragte, womit er Hilfe haben wolle, antwortete er trocken: „Na, damit, ehrlich zu mir zu sein." Traurig lächelte ich ihn an.

„Erinnerungen sind kein kaputtes Auto", erkläre ich den Leuten. „Man könnte sie eher mit einem Puzzle vergleichen: Die Einzelteile sind durcheinander geraten und man sieht bei bestem Willen kein Gesamtbild. Oft gibt es zahlreiche Teile, die anscheinend nicht passen. Wenn man auf die Lösung kommen will, muss man aber jedes Teil verwenden. Ich versichere Ihnen, jedes Puzzle ist auf diese Art zu lösen, wenn man lange genug durchhält."

Dem frühen Erwachsenenalter ordnete Erikson den Konflikt zwischen *Intimität* und *Isolation* zu. Um Intimität zu erreichen, müsse der Mensch körperlich und geistig in der Lage sein, die Furcht vor dem Selbstverlust zu ertragen – nicht die Gefahr des Selbstverlusts zu vermeiden, sondern sich ihr zu stellen. Damit ist die Vermeidung von Situationen gemeint, die uns verunsichern, wer wir sind, und die uns selbst infrage stellen, was uns ausmacht. Sich der Furcht vor Selbstverlust und Intimität nicht zu stellen, führe zu Isolation und Zweifel. Als eine mögliche Gefahr, die wir in der Nähe zu anderen Menschen sehen, nennt Erikson deren Einfluss auf uns.

Vielen erscheint die Angst vor Nähe und Intimität zunächst irrational. Was sei schon dabei, eine Bindung aufzubauen und jemanden tiefer ins eigene Leben eindringen zu lassen? Andere Menschen an sich heranzulassen, bedeutet, Vertrauen zu schenken. Wir teilen mehr von uns mit und nehmen im Gegenzug ein Stück des anderen in unser Leben auf. Dabei gibt es Risiken: Ist die andere Person überwältigend, können wir uns in ihrem Leben verlieren. Viele von uns hatten in der Vergangenheit Freunde, die wir bewundert haben, so sehr, dass wir alle unsere Bedürfnisse und Ideen zurückgestellt haben. Was wir wollen, was wir denken und wo wir im Leben hin wollen, war nebensächlich. Es ging nur darum, für den überlegenen Freund da zu sein. Durch die Gewissheit, Teil des Lebens unseres Freundes zu sein, haben wir uns wertvoll gefühlt. Doch standen wir auf derselben Ebene wie unser Freund? Waren wir gleichgestellt oder standen wir im Schatten eines anderen Menschen? Sich aus dem Schatten herauszubewegen, war Furcht einflößend. Plötzlich standen wir allein und wussten nicht, ob wir ohne unseren Freund bestehen können. Wir fühlten uns klein und unbedeutend. Sowohl durch physische als auch durch psychische Gewalt können wir uns anderen ausgeliefert fühlen. Vertrauen, das wir in jemanden stecken, kann verraten und Schwächen, die wir offenbaren, können gegen uns verwendet werden.

Mit diesen Risiken zu leben, ist beschwerlich. Wandelt sich eine Beziehung, an der uns etwas liegt zum Schlechteren, stehen wir vor einer schweren Entscheidung. Es bietet sich eine schnelle, einfache Lösung: Wir verschließen uns. Wir können uns allen Kummer und alle Mühe ersparen, wenn wir niemanden mehr in unserer Nähe dulden. In ausgewählten Fällen mag sich zu verschließen die angemessene Lösung sein. Schließlich können wir unser Vertrauen nicht blind in jeden beliebigen Menschen investieren. Jedoch eine mindestens genauso schädliche Reaktion wäre, Misstrauen überhand gewinnen zu lassen und nie wieder andere an sich heranzulassen.

Rogers Kongruenz und Eriksons Konflikte sind Herausforderungen, die zum Menschsein gehören.

> Es mag widersprüchlich klingen, aber um die Stärke zur Intimität und Akzeptanz aufzubauen, brauchen wir die Einsamkeit. Sie lässt uns inne sein und Erfahrungen integrieren.

Abseits des Geschehens finden wir einen nüchternen Blick auf den Alltag und die Menschen darin. Es gelingt, einen Schritt aus dem Leben zurückzutreten. Es ist, als wären wir in einem finsteren Gefäß eingesperrt. Solange wir im

Dunkeln sitzen, können wir nur mutmaßen, wo wir sind und was geschieht. Erst wenn wir hinaustreten, bekommen wir einen Überblick.

Dann können wir uns z. B. in Ruhe schwere Fragen stellen. Was liegt mir am Menschen, der mich verletzt hat, oder mit dem ich weniger teile als früher geglaubt? Was lässt mich zweifeln? Sind die Zweifel berechtigt? Kann ich dem Menschen noch vertrauen? Im Alleinsein können wir Verlust – sei er durch Verrat oder Tod entstanden – zur Selbsterhaltung und -entwicklung verarbeiten.

Doch ist es für Männer und Frauen dasselbe Erlebnis, einen geliebten Menschen zu verlieren? Ulrich Beers Überlegungen zum Witwen-Dasein und den Anstrengungen lassen vermuten, dass Männer und Frauen unterschiedliche Anstrengungen leisten müssen. Auch spricht er an, ob traditionelle Geschlechterrollen noch zeitgenössisch sind. Sind z. B. Frauen emotional offener und somit besser gewappnet?

Unsere kulturell geprägten Geschlechtsbilder würden diese Annahme unterstützen. Wir erwarten von Frauen, dass sie aufgeklärter über Gefühle sind und sich offen mitteilen. Es gibt wenige Belege für einen Unterschied in emotionaler Trauerverarbeitung, der nur mit dem Geschlecht und nicht mit gesellschaftlichen Umständen zu tun hat. Die Bewältigung des Witwen- oder Witwer-Daseins scheint größtenteils von kulturell geprägten Unterschieden abzuhängen.

Männer haben offenbar größere Probleme, ihren Haushalt nach dem Tod der Frau zu führen und Frauen haben schlechtere Chancen, auf den Arbeitsmarkt zurückzukehren oder mit der derzeitigen finanziellen Lage ohne den

Mann auszukommen. Es kommt häufiger vor, dass Frauen sich in finanziell benachteiligten Situationen wiederfinden, was wiederum Auswirkungen auf das allgemeine Wohlbefinden und die Verarbeitung von Scheidung oder Tod hat (Halleröd 2013; Sasson und Umberson 2014). Es fällt leichter, Zeit zum Trauern zu finden, wenn sicher ist, dass die Miete und die Beerdigung bezahlt werden können. Die Dauer des Rückzugs, der zum Trauern nötig ist, fällt bei Männern und Frauen vergleichbar aus (Umberson et al. 1992).

Wir alle sind in der Lage, die Mauern zu ziehen, die unser Selbst einschließen. Dieselben unsichtbaren Mauern können sogar soziale Medien oder Großstadtgedränge aussperren. Der allgegenwärtigen Vernetzung zu entgehen, ist schwierig geworden und unsere städtischen Ballungszentren wachsen unentwegt. Bezahlbare Wohnungen werden kleiner und wir leben enger zusammengepfercht. Doch was helfen hellhörige Gipswände und Zugriff vom Mobiltelefon auf alle Austauschforen der Online-Welt, wenn Mauern im Kopf hochgezogen werden?

Oft verlieren sich Menschen im Strom der Massen, den sowohl die Großstadt als auch soziale Medien formen. Beide bieten Reizüberflutung, beide werben damit, dass wir uns als Individuum einbringen. Dafür stehen jedoch meistens dieselben Informationskategorien, dieselben leeren Spalten in einem Nutzerprofil oder Formular, zur Verfügung: Beruf, Studium, Beziehungsstatus, Hobbys, Veranstaltungen, die wir besuchen, oder Nachrichtenberichte, die wir teilen, sind Formen der Informationsreduktion. Wir brechen unser Selbst herunter in Lebensrubriken, damit es teilbar und übersichtlich wird.

Welche Berichte, Fotos und Videos wir teilen, welchen Gruppen wir angehören, was wir für unseren Lebensunterhalt machen und wie wir unsere Freizeit gestalten, sind kleine Ausschnitte aus unserem Leben. Wegen unserer Persönlichkeit, Lebenserfahrungen oder kognitiven Fähigkeiten entscheiden wir uns für eine Tat wie Fallschirmspringen zu gehen, Konzerte zu besuchen, eine bestimmte Musik zu mögen und in einem bestimmten Berufsfeld zu arbeiten. Das sind aber die leicht kategorisierbaren Resultate, nicht der Ursprung. Sie sind keine Repräsentation des Selbst, sondern nur der vermarktbare Teil. Es ist der Teil, der sich in Algorithmen und komplexe statistische Modelle einspeisen lässt, um personalisierte Werbung zu verschicken oder weitere Videos, Nachrichten und Kontakte zu empfehlen, die uns gefallen könnten. Auf diese Art wird jedem Nutzer der Online Portale das verfüttert, was er von vornherein kennt und mag. Das, was Millionen andere vor ihm genossen und geteilt haben, wird in der Maschinerie weitergeleitet, zu allen, die für die statistischen Modelle in dieselbe Kategorie fallen.

Noch ausschlaggebender für einen Verlust des Individuums ist, dass wir angeregt sind, eine Stimme von unzähligen zu werden. Wenn wir Nachrichten senden, Profile aktualisieren und ständig teilen, wie es die Maschinerie von Großstadt und sozialen Medien zum Überleben braucht, werden wir Teil einer Masse. Wir sehen uns zunehmend als einen solchen Teil und weniger als eine für sich allein stehende Existenz. Die Gruppenidentität wird stärker als die individuelle.

> Werden wir von der Gruppe und all der Ablenkung der nie still stehenden Maschinerie getrennt, müssen wir uns fragen, was von uns bleibt.

Mit dem Individualitätsverlust in der Masse sowie dem Wegfall von Freundes- und Paarbeziehungen sind einige der wichtigsten *äußeren* Auslöser der Einsamkeit genannt. Doch wie die geistigen Mauern und Einsamkeit in Gesellschaft in Erinnerung rufen, ist Einsamkeit ein Gefühl. Als solches stammt sie von innen. Sie ist ein psychisch und körperlich erlebter Mechanismus. Entscheidender als die *äußeren* Auslöser sind demnach die *inneren*.

Warum fühlen wir uns einsam? Warum sind wir fähig, dieses Gefühl zu empfinden? Womit uns die Außenwelt konfrontiert oder dass wir unser Leben allein leben, könnte uns einerlei sein. Es gibt aber eine Reaktion in uns, die die Stille und das Alleinsein affektiv färbt. Um zu verstehen, wieso bestimmte Ereignisse in unserem Umfeld und daraus resultierende, anschließende Gedanken zur empfundenen Einsamkeit führen, muss zunächst die Frage nach dem *Warum* gestellt werden.

Wie stark ein Tier Einsamkeit erlebt, können wir nicht beurteilen. Wir wissen aber, dass gerade der Mensch die Kapazität hat, das Für-Sich-Sein auf profunde Art wahrzunehmen. Diese Kapazität ist sinnhaft. Wir haben sie für einen Zweck. Es fällt mir schwer zu glauben, dass die Entwicklung des menschlichen Körpers, Geistes und seiner Gefühlswelt in ihrer heutigen Form bloßer Zufall sein könnte.

Emotionen sind sinnvolle Mechanismen unseres Körpers, die uns bei der Bewertung unseres Umfeldes und der Lenkung unseres Verhaltens unterstützen. Bevor der Verstand eine Situation analysiert hat, gibt uns ein vages Bauchgefühl oder eine klar umrissene Emotion eine Bewertung der Geschehnisse. Emotion ist Ausdruck unserer Werte und Persönlichkeit. Mal ist sie zweifelsfrei zu verstehen, mal ist sie verwirrend. Aber wir fühlen sie für einen bestimmten Zweck. Diese Ansicht teilen Psychotherapeuten, Emotionsforscher und Psychologen, die versuchen, menschliches Fühlen, Denken und Verhalten mit einem evolutionären Ansatz zu erklären. Emotionen seien im Verlauf unserer Entwicklung wie der opponierbare Daumen eine Anpassung des menschlichen Grundgerüsts gewesen, die sich bewährt haben. Demnach erfüllen Emotionen einen Sinn zur Erhaltung und Entfaltung des Menschen.

Furcht zwingt uns zum Rückzug, wenn der überlegene Fressfeind in der Nähe ist oder ermahnt uns zur Vorsicht, wenn wir einer Aufgabe nicht gewachsen sind. Freude lässt uns das Erlegen einer wertvollen Beute oder die lang ersehnte Beförderung genießen, sodass wir weiter und hartnäckiger nach diesen Zielen streben. Emotionen boten uns in der Vergangenheit einen Überlebensvorteil. Deshalb könnte unsere Kapazität für emotionales Erleben in unserem menschlichen Genmaterial weitervererbt worden sein. Emotionen beflügeln unser Verhalten und geben ihm eine Richtung. Gibt es einen solchen Nutzen für Einsamkeit?

John Cacioppo, der als einer der Mitbegründer der *sozialen Neurowissenschaften* gilt, widmete sich zusammen mit Mitarbeitern wie Louise Hawkley in einer Reihe von Arbeiten (Boomsma et al. 2005; Cacioppo et al. 2006; Hawkley und Cacioppo 2010) der Charakterisierung der psychologischen Wirkung der Einsamkeit. Kurz gefasst könnte der Nutzen der Einsamkeit darin bestehen, einen Mangel an sozialer Unterstützung auszugleichen (Cacioppo et al. 2006). Wer sich in einer isolierten Situation wiederfinde, sei es selbstbestimmt, durch Streit in der Gruppe oder durch ein Unglück, habe die schlechteren Überlebenschancen. Ein negatives Gefühl der Einsamkeit gebe Antrieb, die Situation zu verändern und sich zu reintegrieren.

Hintergrundinformation

Die *sozialen Neurowissenschaften* beschäftigen sich mit der Funktionsweise des menschlichen Gehirns sowie anderer organischen Systeme, die unser Verhalten in sozialen Situationen steuern. Damit sind alle Gegebenheiten gemeint, in denen wir, beispielsweise durch zwischenmenschlichen Kontakt oder unser gesellschaftliches Umfeld, in unserem Verhalten beeinflusst werden können. Typische Fragestellungen in den sozialen Neurowissenschaften könnten damit wie folgt lauten:

1. Wie verhält sich die Aktivität unseres Gehirns, wenn wir uns in einem Arbeitsumfeld befinden, in dem unser Erfolg von guter Zusammenarbeit mit einem Kollegen abhängt? Und gibt es Unterschiede, wenn wir das Gefühl haben, im Wettbewerb mit einem Kollegen zu stehen?
2. Welche Einflüsse hat die Kultur, in der wie aufwachsen, auf die Art und Weise wie unser Gehirn Emotionen verarbeitet?
3. Wie reagiert unser Gehirn auf Bilder von Geflüchteten oder Menschen aus verschiedenen Kulturen? Und, welchen Einfluss haben negative Nachrichten auf die Wahrnehmung dieser Bilder?
4. Wie reagiert unser Gehirn, wenn wir beobachten, wie eine andere Person etwas sehr Peinliches macht?

In diesen Themengebieten erfüllen sich einige der Aufgaben der sozialen Neurowissenschaften: die Integration sozialwissenschaftlicher Vorgänge, neurowissenschaftlicher Perspektiven und psychologischer Theorien. Der Einfluss verschiedener gesellschaftlicher Kontexte auf das Gehirn und umgekehrt der Einfluss des Gehirns auf unser Verhalten und Erleben in sozialen Kontexten sind zentraler Gegenstand dieser Forschung.

Wie genau die evolutionären Vorteile durch Emotionen ausgesehen haben, können wir nur spekulieren. Mithilfe unserer Ahnen und ihrer Lebensumstände möchte ich eine von vielen Ideen zu den möglichen Ursprüngen der Einsamkeit verbildlichen:

> **Einsamkeit als Entwicklungsvorteil**
>
> Ich denke dabei an einen der ersten Homo sapiens, wie er vor etwa 200.000 Jahren unter der heißen Sonne durch äthiopische Steppen wanderte. Vielleicht wurde er von seinen Kameraden vertrieben. Er könnte dieselbe Gattin wie ein Rivale gewählt haben und im Konflikt unterlegen sein. Auf seiner breiten Stirn ist eine Wunde vom Kampf zurückgeblieben, die sich vor kurzem erst geschlossen hat. Schlimmer noch könnten ihn ein gekränkter Stolz und die Gewissheit, von allen verlassen zu sein, quälen.
> Wohin soll er nun gehen? Alleine zu jagen, dauert länger und ist kräftezehrender als in der Gruppe. Zudem ist er zahlreichen Gefahren wie Fressfeinden, Unwettern und Krankheit allein nicht gewachsen. Nachts wenn er sich einen sicheren Unterschlupf sucht, gibt es niemanden, der über ihn wacht. Wenn es donnert, der Regen das Brennholz durchnässt und er keinen Unterschlupf findet, hilft ihm niemand und kein fremder Körper wärmt ihn. Am nächsten Morgen liegt er mit heiß glühender und fiebriger Stirn schlotternd auf seinem Lager. Ohne Hilfe durch seine Kameraden ist das womöglich sein Ende. Fühlte der

Mensch schon damals Einsamkeit? Ein Gefühl, das ihn zur Suche nach einer neuen Gemeinschaft motivieren soll? Vielleicht hat es funktioniert und der Ausgestoßene fand eine neue Gruppe. Das Empfinden von Einsamkeit war von Nutzen, weil es Antrieb gab. Wer aus Einsamkeit Hilfe suchte, überlebte. So könnte sich die Veranlagung, in Isolation ein negatives Gefühl zu entwickeln, weitervererbt haben.

Springen wir ca. 199.700 Jahre in die Zukunft, dann finden wir ein ähnliches Beispiel in neuen Kleidern. Ein Vater europäischer Aufklärung, Jean-Jacques Rousseau, hat sich mit seinen ehemaligen Pariser Freunden zerstritten. Nicht wegen Futter oder einer Gattin hat er Freunden und Debattiergegnern aus beliebten Abendsalons wie Deniz Diderot oder Jean-Baptiste le Rond d'Alembert den Rücken gekehrt. Ein unstillbarer Durst nach Anerkennung, ein gekränkter Stolz und der Starrsinn eines klugen, aber egozentrischen Mannes haben Rousseau gegen die Pariser Gemeinschaft von Dichtern und Denkern gewendet. Er sah sich ins Exil in ein einsames Landhaus getrieben, wo er seinen ehemaligen Freunden grollte.

Der Grund für den Rückzug mag weniger primitiv sein als der des Ahnen, aber das Gefühl der Einsamkeit im Landhaus könnte dasselbe sein. Womöglich motiviert durch seine eigene Lage schreibt Rousseau 1761 im Briefroman „Julie oder Die neue Héloïse": „Alle großen Leidenschaften entstehen in der Einsamkeit." (Rousseau und Wolff 1996)

Hier offenbart sich ein grundlegender Unterschied zwischen den Beispielen. Rousseau bewältigte seine Einsamkeit nicht, indem er Hilfe suchte. Eben, in der Einsamkeit scheint er Kraft gefunden zu haben. War Rousseau allein aber nicht einsam? Oder hat er einen Nutzen entdeckt, den sein Ahn nicht kannte?

Allerdings zeigte Rousseau ein bedenkliches Verhaltensmuster, das Cacioppo und Hawkley Jahrhunderte später erforscht haben. Sie weisen auf individuelle Unterschiede in den Reaktionen von Menschen hin, die von ihren Gruppen getrennt werden. Nach sozialer Trennung neigen viele Menschen, wie schon durch die Scheidung verdeutlicht, zum Selbstschutz. Sie werden misstrauisch, ängstlicher und pessimistischer, da sie fürchten, erneuten Schaden zu erleiden. Wenn sie wieder auf Menschen treffen, nehmen sie sie als nicht vertrauenswürdig wahr und verhalten sich defensiv, teils sogar feindselig. Sie werden sehr sensibel für mögliche Bedrohungen. Das gilt vor allem für soziale Bedrohungen wie subtile Beleidigungen, geheime Absprachen oder dem Ausschluss aus einer Gruppe (Hawkley und Cacioppo 2010).

Eine solche feindselige Reaktion finden wir in der Geschichte Rousseaus, der starkes Misstrauen gegenüber seinen ehemaligen Freunden empfand. In Briefen und anderen Schriften aus der Feder Rousseaus finden sich Schmähungen und bösartige Anschuldigungen gegen die Freunde, die ihn betrogen hätten. Sie seien alle neidisch auf ihn. Sein Talent und seine Einsicht hätten ihn zum Außenseiter gemacht. Statt ihm das Lob und die Anerkennung zukommen zu lassen, die er verdiene, hätten seine Freunde ihm den Dolch in den Rücken gerammt. Da niemand in Rousseaus Umgebung von seiner Paranoia ausgenommen war, musste er aus seinem gewohnten Umfeld fliehen.

Die Gefühle der Ablehnung und der Einsamkeit nicht angemessen zu verarbeiten, kann zu Frust und Feindseligkeit führen. Das Beispiel Rousseaus bietet sowohl diese Verzerrungen von Gedanken- und Gefühlswelt als auch das kreative Künstlerexil. Daher soll sein eindrücklicher

Fall der Einsamkeit an späterer Stelle weiter erschlossen werden.

> Geschehnisse um uns und in uns greifen ineinander. Sie formen unser persönliches Exil. Was im Exil auf uns wartet, ist individuell verschieden und hängt von den Gründen ab, die uns dorthin treiben.

Dass jeder irgendwann sein Exil aufsucht, ist keine Schreckensbotschaft, sondern eine Bereicherung menschlicher Erfahrungsvielfalt. Zur Ausbildung der Ich-Integrität und unbedingten Akzeptanz aller Lebenserfahrungen brauchen wir sie. Einsamkeit hat Sinn. Unser Vermögen zur Einsamkeit können wir als Werkzeug zu unserem Vorteil und zum Wachstum nutzen. Das anzuerkennen, ist entscheidend, um Einsamkeit zu verstehen und zu lernen, mit ihr umzugehen. Anerkennung der eigenen Gefühle fördert Vertrauen. Das gilt nicht nur für das Vertrauen zu anderen, auch für das Vertrauen zu sich selbst.

> **[Einsamkeit ist sinnhaft]**
> Einsamkeit ist in ihrer Wahrnehmung in der Gesellschaft negativ geprägt. Sie wird vornehmlich als bedrückendes Gefühl verstanden und vermieden. Durch die Vermeidung beraubt man sich einer wichtigen Erfahrung und trägt womöglich zur Stigmatisierung der unglücklich Einsamen bei. Doch es gibt ein individuell verschieden starkes Bedürfnis nach Rückzug und Einsamkeit. So wie niemand auf ewig allein bleiben kann, kann niemand ununterbrochen in Gesellschaft verbleiben. In der Einsamkeit sammeln Menschen die unterschiedlichsten Eindrücke und Erkenntnisse.

Z. B. lädt die Einsamkeit zur stillen Reflexion über Erfahrungen, Verluste und Erfolge ein. Sie kann der sichere Hort sein, in den wir uns in der Not zurückziehen und den wir als Schutz vor den Anstrengungen der Außenwelt nutzen können. Zugleich kann die Einsamkeit zum Gefängnis und zum Abgrund werden. Ohne Perspektive, ohne Zuversicht, anderen oder uns selbst zu vertrauen, schließen wir uns ein. So können Frustration, Scham, Schuld, Trauer oder Wut uns gefangen halten. Das Vertrauen zu anderen und zu sich selbst nicht endgültig zu verlieren, ist nötig, um Einsamkeit als Hort der Stille und Reminiszenz zu bewahren. Sie soll helfen, zu versöhnen, was unversöhnbar erscheint, neue Blickwinkel offenbaren und als kontrollierter Ausgleich zum Trubel der restlichen Welt dienen. Sie soll eine geschützte Idylle sein.

Allein mit dem althergebrachten, einem negativen Bild von Einsamkeit und Alleinsein werden wir dem Gefühl und dem Zustand nicht gerecht. Es gibt einen Zweck der Einsamkeit und wir müssen ergründen, warum wir sie fühlen. Sie näher zu studieren und die persönlichen Erlebnisse zu erfahren, dazu soll dieses Buch anregen.

Literatur

Boomsma, D. I., Willemsen, G., Dolan, C. V., Hawkley, L. C., & Cacioppo, J. T. (2005). Genetic and environmental contributions to loneliness in adults: The Netherlands twin register study. *Behavior Genetics, 35*(6), 745–752.

Cacioppo, J. T., Hawkley, L. C., Ernst, J. M., Burleson, M., Berntson, G. G., Nouriani, B., & Spiegel, D. (2006). Loneliness within a nomological net: An evolutionary perspective. *Journal of Research in Personality, 40*(6), 1054–1085.

Erikson, E. H. (1993). Eight ages of man. *Childhood and society* (S. 247–269). New York: WW Norton & Company.

Eysenck, H. J. (1994). Personality: Biological foundations. In P. A. Vernon (Hrsg.), *The neuropsychology of individual differences* (S. 151–207). San Diego: Academic Press.

Goethe, J. W von. (1964). *Egmont. Iphigenie auf Tauris. Torquato Tasso*. München: Dtv.

Halleröd, B. (2013). Gender inequality from beyond the grave: Intra-household distribution and wellbeing after spousal loss. *Ageing & Society, 33*(5), 783–803.

Hawkley, L. C., & Cacioppo, J. T. (2010). Loneliness matters: A theoretical and empirical review of consequences and mechanisms. *Annals of Behavioral Medicine, 40*(2), 218–227.

Kant, I., & Weischedel, W. (Hrsg.). (1977). *Immanuel Kant. Werkausgabe in zwölf Bänden* (Bd. 7). Frankfurt a. M.: Suhrkamp.

Lang, F. R. (2000). Endings and continuity of social relationships: Maximizing intrinsic benefits within personal networks when feeling near to death. *Journal of Social and Personal Relationships, 17*(2), 155–182.

Luther, M. (1983). Acht Sermon. D. M. Luthers von ihm gepredigt in der Fastenzeit 9.–16. März 1522. In Karin Bornkamm & Gerhard Ebeling (Hrsg.), *Martin Luther. Ausgewählte Schriften* (Bd. I, S. 271–307). Frankfurt a. M.: Insel.

Monnier, T., & Sander, E. (1988). *Liebe – Brot der Armen*. Frankfurt a. M.: Ullstein.

Pinquart, M., & Forstmeier, S. (2013). Wirksamkeitsforschung. In Andreas Maercker. Simon Forstmeier. (Hrsg.). *Der Lebensrückblick in Therapie und Beratung* (S. 47–63). Berlin: Springer.

Rogers, C. R. (1951). *Client-centered therapy*. Boston: Houghton Mifflin.

Rousseau, Jean-Jacques, & Wolff, R. (Hrsg.). (1996). *Julie oder Die neue Heloise. Briefe zweier Liebenden aus einer kleinen Stadt am Fuße der Alpen*. München: Dtv.

Sasson, I., & Umberson, D. J. (2014). Widowhood and depression: New light on gender differences, selection, and psychological adjustment. *The Journals of Gerontology Series B: Psychological Sciences and Social Sciences, 69*(1), 135–145.

Schopenhauer, A., & Löhneysen, W von. (Hrsg.). (1976). *Sämtliche Werke textkritisch bearbeitet und herausgegeben von Wolfgang Frhr. von Löhneysen*. Darmstadt: Wissenschaftliche Buchgesellschaft.

Umberson, D., Wortman, C. B., & Kessler, R. C. (1992). Widowhood and depression: Explaining long-term gender differences in vulnerability. *Journal of Health and Social Behavior, 1992,* 10–24.

2

Der weite Weg der Einsamkeit

Zusammenfassung In diesem Kapitel werden verschiedene Gründe, Formen und Konsequenzen der Einsamkeit vorgestellt. Der Weg vom Rückzug bis zur Rückkehr in die Gesellschaft wird nachvollzogen. Neben dem Alleinsein, das vom Gefühl der Einsamkeit abgegrenzt werden muss, sind die Gedanken und Emotionen zu berücksichtigen, die wir ins Exil mitnehmen. Was sich in der Abgeschiedenheit offenbart, hängt von langfristig erworbener Emotionalität und dem Umgang mit dem Leben außerhalb ab. Die Rückkehr ins Leben in Gesellschaft kann schwer fallen und ist oft nur vorübergehend. Ein wichtiger Teil des Kapitels sind die Auswirkungen, die dauerhafte Isolation und Einsamkeit auf uns haben können. In der Einsamkeit können wir uns von unserem Selbst entfremden, sodass wir abhängig von ihr werden. Umgekehrt kann die Einsamkeit das Selbst zum Wachstum anregen.

Sie kann als Spiegel unseres Selbst erlebt, geliebt oder gefürchtet werden. Jedoch, gerade in der Spiegelung, dem Auflösen unterdrückter Gedanken und Rückgewinn der Kontrolle liegt auch der Segen der Einsamkeit. Anhand der Ursprünge und Verläufe von Rückzug werden Überlegungen präsentiert, wie Einsamkeit zu so unterschiedlichen Erlebnissen führt und wie Sucht und Entfremdung vermieden werden können.

2.1 Gründe und Abgründe der Einsamkeit

> *Ulrich Beer*

Wer allein lebt, muss deswegen noch nicht einsam sein. Der Hauptgrund für die Einsamkeit der meisten, die sie erleben, ist allerdings die Tatsache, dass sie allein leben. Die jungen Leute sind häufig allein, weil sie sich von der Familie innerlich und oft auch äußerlich gelöst, den Partner noch nicht gefunden und die Gruppe nur zeitweise um sich haben. Auch Menschen in Partnerschaften leben zeitweise allein, für länger getrennt oder für dauernd geschieden. Und Menschen, die ihren Partner durch Tod verloren haben, leben häufig wieder allein. Sie alle sind von Einsamkeit bedroht, und doch muss man Alleinsein und Einsamsein unterscheiden.

Alleinsein ist zunächst eine statistische, objektive Tatsache, Einsamsein eine subjektive. Das eine ist zunächst qualitativ zu verstehen, das andere quantitativ. Wenn jemand sagt: „Ich fühle mich so allein", fühlt er sich in Wirklichkeit einsam.

Dem Wort „allein" wird auch ein höherer qualitativer Sinn gegeben im Sinne der *All-Einheit,* also des Einsseins mit dem All, mit der Gottheit, mit dem höheren Sinn. Wer Alleinsein so versteht, kann eins sein mit einem größeren Ganzen, in dem er aufgeht und in das er sinnvoll aufgenommen ist. Er kann also eigentlich – jedenfalls im negativen Sinne des Wortes – nicht einsam sein. Wer versucht, auch in der Einsamkeit das Ziel dieser All-Einheit zu verwirklichen, wird uns später beschäftigen. Zunächst verstehen wir das Alleinsein als die quantitative Voraussetzung einer qualitativen Einsamkeit.

Dabei soll wiederum nicht übersehen werden, dass man auch in Beziehungen, Institutionen, Gruppen und selbst in früher intimen Gemeinsamkeiten wie Partnerschaft und Ehe durchaus einsam sein kann.

Was die wahre Einsamkeit ausmacht, ist also nicht das quantitative Alleinsein, sondern – eventuell mitten in einem Sozialgebilde – die qualitative Beziehungslosigkeit, die unsichtbare Isolation, die Abkehr, die durchaus noch keine Einkehr sein muss. Die Menschen stehen sich wie fremd und gleichgültig einander gegenüber. Zwischen ihnen gibt es eine Glaswand oder auch unterschwellige Aggressivität, unterdrückten Hass, lähmende Gewöhnung, tötende Langeweile, erdrückende Angst oder wuchernden Überdruss. Diese Einsamkeit ist eine ganz andere, aktiv bedrückendere als die des „Einsam- und Verlassenseins".

Fritz Riemann hat sie in einem Beitrag „Flucht vor der Einsamkeit" so beschrieben:

> Niemand spricht mit uns, wir können uns an niemanden wenden; wir empfinden nur Leere um uns, eine hoffnungslos erscheinende schreckliche Leere, und uns erfasst eine gegenstandslose, unbestimmte Angst, die wir oft so ausdrücken, dass wir sagen: ‚Die Decke fällt mir auf den Kopf', oder: ‚Ich fühle mich von Gott und aller Welt verlassen, mutterseelenallein.' Diese Angst kann so quälend werden, dass sie uns irgendwohin unter Menschen treibt oder dass wir zu Betäubungsmitteln greifen; ja sie kann sich so steigern, dass uns nur noch der Selbstmord als einziger Ausweg bleibt (Riemann 1980).

Ein anderer ist dann doch wieder die Ehe, so unwahrscheinlich das klingt. Kurt Tucholsky hat dieses Dilemma so gefasst:

> Ihr meint kein Wort von dem, was ihr sagt.
> Ihr wisst nicht, was euch beide plagt.
> Was ist der Nagel einer Ehe?
> Zu langes Zusammensein und zu große Nähe.
> Menschen sind einsam. Suchen den andern.
> Prallen zurück, wollen weiter wandern.
> Bleiben schließlich … Diese Resignation:
> Das ist die Ehe. Wird sie euch monoton?
> Zankt euch nicht und versöhnt euch nicht:
> Zeigt euch ein Kameradschaftsgesicht.
> Und macht das Gesicht für den bösen Streit
> lieber, wenn ihr alleine seid.
> Gebt Ruhe, ihr Guten! Haltet still.

Jahre binden, auch wenn man nicht will.
Das ist schwer: ein Leben zu zwein.
Nur eins ist noch schwerer: einsam sein (Tucholsky 1960).

In dem Band „Einsamkeit" hat Richard Schmid unter dem Titel „Isolation in der Zelle" berichtet, was der Schriftsteller und Musiker Christian Friedrich Daniel Schubart, der auf dem Hohenasperg gefangen saß – ganz in der Nähe des herzoglichen Schlosses Solitude, das eben auch „Einsamkeit" heißt –, in seinen Erinnerungen so eindrucksvoll über seine Gefängnisisolation schreibt:

> Jetzt rasselte die Türe hinter mir zu, und ich war allein, in einem grauen düsteren Felsenloche allein. Ich stand und starrte vor Entsetzen, wie einer, den die donnernde Woge verschlang … Hier in dieser Schauergrotte, in diesem Jammergeklüfte sollt' ich dreihundertsiebenundsiebzig Tage verächzen … Als die Betäubung mit ihrem eisernen Arm von mir abfiel, da versank ich in die tiefste, an Verzweiflung grenzende Schwermut. Ich saß ganze Stunden starr und unbeweglich auf meinem Strohbette, betrachtete die öde, schweigende Wand und den eisernen Ring, der dringemauert war, um mich nach dem Befehle des Fürsten daran zu ketten, wenn ich nur im geringsten was versehen sollte … Für mein freies Gefühl war nichts Schrecklicheres als die Kette … Die Menschen, die mir mein Tränenbrot und das Zisternenwasser brachten, hatten den strengsten Befehl, nicht ein Wort mit mir zu sprechen. Kein Buch, kein Klavier, nicht Tinte, Feder, Bleistift und Papier – und ach! keine Mutter, kein Weib, kein Kind, kein tröstender Freund. Alles war stumm um mich her wie das Grab um einen Toten … Die Langeweile war die erste Geißel, die

ich aufs empfindlichste fühlte. Ich zählte nicht mehr die Tage, sondern Stunden und hörte oft Minuten auftreten, so leise wurde mein Gehör für die Zeit ... Ich zählte meine Tritte, meine Pulsschläge, alle Spalten und Ritzen im Kerkergewölbe, die Faden an der Matratze, womit ich mich deckte. Ich wiederholte nach dem Alphabet alles, was ich aus verschiedenen Wissenschaften und Künsten wusste; aber dieser Zeitvertreib verleidete mir am ersten, denn alle Wissenschaft ist ohne die Wollust der Mitteilung Qual für die Seele (Schmid 1980).

Hier erleben wir die Abgründe der Einsamkeit. Schubart war ein Dichter. Er begann zu schreiben, später hatte er Besuch, einen regen Austausch und sogar lockere, heftige Geselligkeit.

Andere haben in der Zelle die tiefsten Gedanken gehabt und festgehalten. Der Physiker Friedrich Förster sucht die Wurzeln seines kreativen Wirkens in seiner Internierungszeit. Bekannt geworden ist er durch die Förster-Sonde, aber eine Vielzahl anderer physikalischer und technischer Ideen sind ihm zu verdanken. Dietrich Bonhoeffer schrieb Gedichte in den sechzehn Monaten seiner Verhaftung vor der Hinrichtung, darunter unendlich hoffnungsvolle, die Herzen anrührende wie das allbekannte und doch immer junge: „Von guten Mächten wunderbar geborgen, erwarten wir getrost, was kommen mag." Auch furchtbare Kreationen sind in der Haft entstanden, so Hitlers „Mein Kampf" oder Khomeinis Tonbänder, die die iranische Revolution auslösten und die im Pariser Exil gesprochen wurden. Es würde lohnen, die literarischen Hafterzeugnisse aller Zeiten zusammenzustellen. Sie wären eine

Weltliteratur der unfreiwillig Vereinsamten, die in sich gegangen und dann kühn und kontaktstiftend aus sich herausgegangen sind.

Oft sind es die Gefängnisse einer sensiblen Dichterseele – gleich, ob sie sich in den Elfenbeinturm zurückzieht oder mitten in der Gesellschaft isoliert bleibt. Rilke war einer von ihnen, und sein Malte Laurids Brigge spiegelt seine ungeheure existenzielle Isolation und seine Bedrohtheit, aber auch den geheimen Punkt, an dem das Nichts in die Existenz umschlägt. In seinen Aufzeichnungen heißt es:

> Nur ein Schritt und mein tiefes Elend würde Seligkeit sein. Aber ich kann diesen Schritt nicht tun, ich bin gefallen und kann mich nicht mehr aufheben, weil ich zerbrochen bin (Rilke 1955).

Darauf folgt dann ein französisches Zitat aus dem Buch Hiob, dessen deutsche Übersetzung am Ende so lauten würde:

> Meine Eingeweide sieden und hören nicht auf; mich hat überfallen die elende Zeit ... Meine Harfe ist eine Klage geworden und meine Pfeife ein Weinen (Rilke 1955).

Aber dann setzt jene Wandlung ein, lichtet sich das Dunkel im Leben und in der Seele Malte Laurids Brigges, über den Rilke selbst im Dezember 1922 schreibt:

> Das ist ein leidenschaftlich schmerzvolles Buch, aber es ist nicht negativ; oder, wenn man will, es ist wie die Höhlung

einer Gießform, aus der die strahlende Statue einer für immer bejahenden Freude aufsteigen könnte (Rilke 1955).

Dieses Bildes wegen sei es hier zitiert, denn es trifft gut die krisenhafte Doppelgesichtigkeit jener Einsamkeit: Gießform, Höhlung für die strahlende Statue.

Wer die Leiden der Einsamkeit so zu sehen vermag, wird in der Lage sein, die Höhlung zu füllen, wird die Gnade einer neu geschaffenen Existenz geschenkt bekommen, wird eine Gemeinsamkeit erfahren, die für die leidende Einsamkeit vielfältig entschädigt.

Aber bis dahin ist es ein weiter Weg.

2.2 Gesichter des Rückzugs

» *Malte R. Güth*

All-Einheit, Jammerklüfte, siedende Eingeweide und strahlende Statue – hier zeigt sich die Vielfältigkeit im Erleben der Einsamkeit. Wie diese Bildersammlung veranschaulicht, birgt sie Potenzial, aber ebenso Gefahren. Es gibt Nuancen im Ursprung, der Aufrechterhaltung und unserer ganz persönlichen Geschichte, die bestimmen, welches Gesicht uns in Stille und Leere begegnet. Aus Ulrich Beers Schilderungen lese ich folgende Fragen, die diese Nuancen kennzeichnen:

Fragen
- Kann ein Außenstehender auf objektive Weise meine Einsamkeit beurteilen?
- Sollte zwischen Einsamkeit und Alleinsein unterschieden werden?
- Woher kommen die Mauern zwischen uns und der Außenwelt?
- Was bedeutet es, ob die Isolation selbst gewählt oder fremd bestimmt ist?
- Gefährdet mich die Einsamkeit oder ist sie mein Schutz?

Die Unterscheidung einer objektiven und einer subjektiven Einsamkeit erschien in der Vergangenheit den Forschern, die sich mit Isolation befassten, sinnvoll. Leider gibt es viele Konzeptualisierungen, die verschiedene Facetten der Einsamkeit betonen sollen. Ich möchte eine grundlegende nennen, die meiner Meinung nach eine Kernunterscheidung trifft: die zwischen dem Alleinsein oder „sozialer Trennung" und der gefühlten Einsamkeit.

Soziale Trennung und gefühlte Einsamkeit
Soziale Trennung bezeichnet die Dichte des sozialen Netzwerks, mit wie vielen Leuten regelmäßiger Kontakt besteht oder wie oft an gemeinschaftlichen Tätigkeiten teilgenommen wird. *Gefühlte Einsamkeit* hingegen beschreibt, wie das subjektiv erlebte Gefühl der Einsamkeit und der Mangel an sozialer Unterstützung empfunden werden. Eine Häufigkeit von Kontakten, Verabredungen oder Terminen lässt sich bequem als objektiv beurteilbare Zahl ausdrücken und mit dem Benennen der eigenen Gefühle ist der subjektiven Einschätzung Rechnung getragen.

Aus den beiden Konzepten gewinnen wir ein objektives und ein subjektives Merkmal der Einsamkeit. Für die Forschung ist dies entscheidend, da objektive Maße leicht zu erheben und auf Unterschiede zwischen Gruppen oder experimentellen Manipulationen zu überprüfen sind. Ein subjektives Gefühl ist schwerer in Untersuchungen, die ein statistisches Urteil verlangen, einzubinden. Für Ulrich Beers Vorstellung, dass das Alleinsein keine notwendige Voraussetzung für die Einsamkeit sei, ist die Berücksichtigung des Gefühls aber unverzichtbar. Deshalb werden z. B. Fragebögen entwickelt, die die Teilnehmer dazu auffordern, bestimmte Gefühle in umschriebenen Situationen mit „trifft völlig zu", „trifft eher zu", „trifft eher nicht zu", „trifft überhaupt nicht zu" oder „gar nicht", „ein bisschen", „stark" und „sehr stark" einzustufen. Diesen Einstufungen werden Zahlen zugewiesen, die z. B. die Stärke eines Gefühls in einer Situation widerspiegeln und dann statistisch ausgewertet werden können.

Gegenwärtig weist der Forschungsstand daraufhin, dass beide Formen der Einsamkeit – die soziale Trennung und die gefühlte Einsamkeit – einen schädlichen Einfluss auf Maße physischer und psychischer Gesundheit aufweisen (Luo et al. 2012; Cornwell und Waite 2009). Diese Maße bestehen auf physischer Seite z. B. aus dem selbst eingeschätztem Gesundheitszustand, der Häufigkeit mit der körperliche Beschwerden geäußert werden, körperlicher Belastbarkeit, Einschränkungen im Alltag und der Sterblichkeitsrate. Auf psychischer Seite interessieren Symptome depressiver Episoden oder anderer psychischer Erkrankungen, das allgemeine Wohlbefinden, die Häufigkeit und Intensivität, mit der negative Emotionen erlebt werden sowie Selbstmordraten.

Dass die soziale Trennung einen Einfluss auf körperliches Wohl ausübt, sollte nicht überraschen. Wer allein ist, v. a. im hohen Alter, hat einen Nachteil. Auf sich gestellt sind die meisten Alltagsherausforderungen schwerer zu meistern. Die Menschen in der Familie und in unserem näheren Freundeskreis pflegen uns, wenn wir krank sind, übernehmen Besorgungen, kümmern sich im Notfall um Haus und Kinder, helfen uns aus, wenn das Geld knapp ist, und geben uns Rat, wenn wir verzweifelt sind. Ob auf direktem oder indirektem Wege, diese Hilfeleistungen sind unserem körperlichem Wohl auf lange Sicht gesehen zuträglich.

Ähnliches gilt für die psychische Gesundheit. Allerdings ist der negative Effekt des Mangels an sozialen Kontakten auf das psychische Wohl oft nur eine Konsequenz des eingeschränkten körperlichen Wohls. Wer z. B. durch fehlende Unterstützung aus dem Umfeld schlechter mit Krankheit oder anderen Notlagen umgehen kann, wird wahrscheinlich noch ernstere Leiden in der Zukunft erleben. Es folgen vielleicht körperliche Einschränkungen, die sich auf die Stimmung niederschlagen. Wir fühlen uns wegen der Fehlschläge im Alltag oder der Anstrengung, die uns einfache Aufgaben abverlangen, öfter frustriert und betrübt. So entwickelt sich unter Umständen sogar eine psychische Erkrankung.

Doch wie ist es mit einem eigenständigen Effekt der Empfindung? Kann Einsamkeit nur im Verbund mit dem Alleinsein unser geistiges und körperliches Wohl gefährden? Hier kommt die Problematik, Gefühle für Studien zu erfassen, zum Tragen. Es gibt unterschiedliche Befunde zu dieser Frage, sowohl solche, die gegen eine eigenständige negative Wirkung der Einsamkeit sprechen (Stessman et al. 2013), als auch solche, die für sie sprechen (Luo et al. 2012). Unterschiede in den Befunden könnten dadurch zu erklären sein, dass manche Stichprobe zu klein war oder Gefühle der Einsamkeit fehlerhaft erfasst wurden. Dazu werden häufig nur Menschen im fortgeschrittenen Erwachsenenalter untersucht. Verglichen mit jüngeren Altersstufen werden für diese Bevölkerungsgruppe Leiden, verursacht durch Einsamkeit, als dringlicher eingestuft.

Die Mehrzahl der überzeugenden Studien sowie ein paar eigene Überlegungen lassen die Auswirkungen gefühlter Einsamkeit auf die Gesundheit plausibel erscheinen. Das bedrückende Gefühl verlassen zu sein kann unseren Antrieb, unsere Aktivität und unsere Lebensfreude mindern (Cacioppo et al. 2002; Cornwell und Waite 2009). Unsere physische Gesundheit ist untrennbar an solche psychologischen Merkmale gebunden. Wie viel Kontakt wir mit anderen Menschen haben, spielt dabei eine untergeordnete Rolle. Selbst wenn es Menschen in unserem näheren Umfeld gibt, mit denen wir regelmäßigen Kontakt haben, kann das nicht ausgleichen, wie wir uns im Inneren fühlen.

> Wie wir uns innen fühlen ist entscheidender als das, was außen um uns geschieht.

Hintergrundinformation
Die Soziologinnen Erin Cornwell und Linda Waite schlugen 2009 in ihrer Forschungsarbeit über die Wirkung von Isolation auf die physische und psychische Gesundheit Erwachsener

höheren Alters eine überzeugende Unterteilung von sozialer Trennung *(social disconnectedness)* und wahrgenommener Isolation *(perceived isolation)* vor (Cornwell und Waite 2009). Sie untersuchten den Zusammenhang sozialer Trennung (Alleinsein) und wahrgenommener Isolation (negatives Gefühl der Einsamkeit) mit geistiger und körperlicher Gesundheit an einer Stichprobe von Residenten unterschiedlicher Seniorenstätten. Alle Daten wurden in Form von Fragebögen erhoben. Für die soziale Trennung gaben Versuchspersonen an, wie viele Kontakte sie pflegten, für die wahrgenommene Isolation wie viel emotionale Unterstützung von beispielsweise Freunden und Verwandten sie erlebten und wie sie diese empfanden. Allgemeines körperliches und geistiges Wohlbefinden wurde in vergleichbarer Weise per Fragebogen berichtet. Die zentrale Fragestellung war, ob soziale Trennung und wahrgenommene Isolation für sich genommen mit schlechterer Gesundheit und psychischem Wohl einhergehen oder ob z. B. beides – wenige Kontakte und eine negative Empfindung ihres Alleinseins – vorhanden sein müsse, damit Leute darunter leiden.

Sollte Ersteres der Fall sein und sich wenige regelmäßige Kontakte allein schon negativ auswirken, würde das bedeuten, dass das Alleinsein auch ohne negative Empfindung, unser körperliches und psychisches Wohlbefinden beeinträchtigen kann. Würde trotz Gesellschaft nur durch das negative Fühlen von Einsamkeit unser Wohlbefinden leiden, sollte allein die wahrgenommene Isolation ausreichen, um Effekte auf das Wohlbefinden zu beobachten. Die dritte Möglichkeit wäre, dass ich allein sein und mich einsam fühlen muss, damit sich negative Auswirkungen auf meine Gesundheit zeigen. Bloß eines von beiden würde nicht ausreichen.

Ihren Erwartungen entsprechend fanden Cornwell und Waite, dass das Gefühl der Einsamkeit allein eine negative Wirkung auf die psychologische Gesundheit ihrer Versuchspersonen hatte, nicht aber die soziale Trennung. Diese hatte nur dann einen Effekt, wenn sie gleichzeitig im Sinne der wahrgenommenen Isolation negativ empfunden wurde. In anderen Worten, Alleinsein beeinträchtigt unser geistiges Wohl nur dann, wenn wir sie als negativ empfinden.

Die Aussagekraft der verwendeten Fragebögen war aber leider nur bedingt akzeptabel. Zudem wurde lediglich untersucht, ob bestimmte Gesundheitszustände zusammen mit Merkmalen sozialer Trennung und wahrgenommener Isolation vorlagen. Dabei handelt es sich um korrelative Zusammenhänge. Das bedeutet, dass nur schwer Aussagen darüber getroffen werden können, ob soziale Trennung und wahrgenommene Isolation die Ursache für den Gesundheitszustand sind. Diese Personeneigenschaften und Gesundheitszustände wurden nur zur selben Zeit bei denselben Leuten beobachtet.

Beobachtet z. B. eine Studie anhand von Archivdaten, dass Zugehörige ethnischer Minderheiten oft kriminelles Verhalten zeigen, so ist dies kein Beleg dafür, dass diese Minderheit zur Kriminalität neigt. Womöglich steckt eine weitere Variable im Spiel, die eine weit wichtigere Bedeutung für die Kriminalität hat, die von der Studie aber nicht erfasst wurde. Der sozioökonomische Status, das monatliche Einkommen und der Bildungsgrad sind erwiesenermaßen bedeutsamer für die Wahrscheinlichkeit, eine kriminelle Handlung zu begehen. Durch soziale Missstände sind viele ethnischen Minderheiten stärker in einer einkommensschwächeren Gesellschaftsschicht vertreten und kommen deshalb öfter in Situationen, in denen eine kriminelle Handlung womöglich unausweichlich ist. Genauso ist die untersuchte Stichprobe entscheidend. Wird nur die genannte Unterschicht untersucht, in der Minderheiten einen größeren prozentualen Anteil ausmachen als in der Gesamtbevölkerung, ist das Ergebnis wahrscheinlich nicht repräsentativ für den wahren Zusammenhang von ethnischer Zugehörigkeit und

Kriminalität. So können durch rein korrelative Untersuchungen Ergebnisse verzerrt werden und tatsächliche Wirkmechanismen unentdeckt bleiben.

Entsprechend sollten die Ergebnisse aus der Untersuchung von Cornwell und Waite als gemeinsames Auftreten verschiedener Merkmale von Alleinsein und Einsamkeit sowie allgemeinem Wohlbefinden verstanden werden. Für genauere Wirkmechanismen, die Einsicht verschaffen, wie Einsamkeit und Alleinsein sich auf unser Wohlbefinden auswirken, sind komplexere Studien notwendig. Was durch die Untersuchung festgehalten werden kann, ist, dass wahrscheinlich sowohl das Alleinsein als auch die empfundene Einsamkeit unser geistiges Wohl gefährden können. Doch nur allein zu sein reicht oft nicht. Wichtiger ist, wie wir unsere Isolation empfinden. Denn das negative Gefühl der Einsamkeit für sich ist einflussreicher als die Häufigkeit unserer sozialen Kontakte.

Doch wann tritt dieser Fall auf, dass wir trotz der Menschen um uns Einsamkeit negativ erleben? Wer allein ist, muss nicht einsam sein. Das Gefühl und der Gesellschaftszustand bedingen einander keinesfalls. Das zeigte sich nicht nur in der Untersuchung von Cornwell und Waite, auch in älteren Arbeiten. Einen stärkeren Einfluss darauf, wie wir Isolation wahrnehmen, haben z. B. selbstverurteilende Denkmuster (Lakey und Cassady 1990) oder Persönlichkeitseigenschaften wie Neurotizismus (Stokes 1985).

Neurotizismus

Neurotizismus ist eine der berühmtesten und am besten erforschten Persönlichkeitseigenschaften in der Psychologie. In ihr spiegelt sich unsere Emotionalität, die Intensität der Furcht, Wut, Trauer oder Abscheu, mit der wir auf für

> uns wichtige Ereignisse reagieren. Hoch neurotische Menschen sind u. a. launisch, ängstlich, sensibel, empfänglich für Schuldgefühle und zeichnen sich oft durch einen geringen Selbstwert aus. Sie werden leicht nervös, machen sich Sorgen und zeigen intensive, lang anhaltende körperliche Reaktionen auf stressauslösende Ereignisse. Der unwillentlich regulierte Teil unseres Nervensystems, der wichtige Vitalfunktionen wie den Herzschlag oder die Atmung steuert (autonomes Nervensystem), ist bei neurotischen Menschen sensibler, sodass sie schneller und über längere Zeit z. B. einen gesteigerten Herzschlag oder Schweißausbrüche erleben. Zusammenfassend ist Neurotizismus die Neigung, intensive emotionale oder nervöse Reaktionen zu zeigen.
>
> Starker Neurotizismus ist emotionale Instabilität. Leider führt er damit zu einer Reihe von unliebsamen Konsequenzen. Die individuelle Ausprägung des Neurotizismus steht im Zusammenhang mit diversen Leiden: depressive Symptomatik (Chioqueta und Stiles 2005), die Stärke von Stressreaktionen (Suls und Martin 2005), die allgemeine Häufigkeit, mit der wir negative Emotionen erleben (Rusting und Larsen 1997) oder Selbstmordrisiko (Chioqueta und Stiles 2005).

So fügt es sich, dass die Beschreibungen Fritz Riemanns mich an typisch neurotische Gedanken erinnern. Natürlich hat nicht jeder stark neurotische Mensch Selbstmordgedanken. Die sorgenvolle, furchtsame Art neurotischer Menschen führt aber oft zu solchen Gedanken und in die Isolation. Sie ist Teil einer grundlegenden Dimension unseres Verhaltens und Erlebens. Es ist die Neigung, Unglück zu fürchten und das Meiden von Bestrafung der Annäherung an Glück vorzuziehen (Gray und McNaughton 2000).

Annäherung und Vermeidung sind grundlegende Verhaltensweisen des Menschen. Sie beziehen sich nicht bloß auf die Flucht vor dem Fressfeind oder die Suche nach Futter, sondern auch auf die Furcht vor dem Versagen im Beruf oder den Ehrgeiz, Großes leisten zu wollen. In moderater Form sorgt eine Neigung zur Vermeidung dafür, dass wir Vorsicht walten lassen, nicht impulsiv, sondern bedacht reagieren, über die Konsequenzen unseres Handelns nachdenken und lernen, wenn uns ein Ereignis geschadet hat. Wenn dieses Verhaltenssystem Überhand gewinnt, werden wir übermäßig vorsichtig, sorgenvoll und furchtsam.

> **Die Aussicht auf Glück verdient gleiches Recht.**

Gerade Menschen, die an Depression leiden, neigen wie neurotische Menschen zu übermäßiger Sorge und zum Rückzug aus der Gesellschaft. Sie haben eine charakteristische Art, mit dem Alleinsein umzugehen. Scham spielt hier eine wichtige Rolle. Viele Depressive haben Angst, ihr Leid nicht verbergen zu können, aufzufallen und als schwache Menschen dazustehen. Andere finden schlicht nicht den Antrieb, sich in Gesellschaft zu begeben. Dafür machen sie sich Selbstvorwürfe. Schließlich haben sie meistens kein körperliches, organisches Leiden und wären in der Lage, unter Leute zu gehen. Mit ihren Selbstvorwürfen bleiben sie allein. Die Stille ist bei Menschen mit negativ gefärbter Gefühlswelt Verstärker düsterer Gedanken, die sie noch tiefer in die Isolation drängen.

Auf der anderen Seite des Spektrums stehen jene Furchtlosen, die gleichsam die Einsamkeit suchen. Nicht etwa weil sie sich schämen, sondern weil sie der Ehrgeiz quält. Man denke an den Workaholic, der Tag und Nacht getrieben ist von einem Ziel, einer Vision. Ihn motiviert keine Furcht, das Ziel zu verfehlen, sondern der Gedanke, es endlich zu erreichen. Diese Menschen sind der Geselligkeit nicht abgeneigt, stellen sie aber in ihrer Bedürfnishierarchie weiter hinunter. Für sie ist die Einsamkeit kein Gefängnis, sondern eine Entscheidung. Sie ist ihr Erfolgsgeheimnis.

Hintergrundinformation
Der beschriebene Dualismus zweier Grundmotivationen für unser Verhalten ist eine berühmte Idee in der Psychologie. Eine der wahrscheinlich bedeutendsten Theorien zu diesem Thema ist die *Reinforcement Sensitivity Theory* ursprünglich erdacht von Jeffrey Alan Gray (Gray 1987) und später überarbeitet zusammen mit Neil McNaughton (Gray und McNaughton 2000). Diese neurobiologische Theorie der Persönlichkeit beschreibt menschliches Verhalten und Erleben mithilfe der Dimensionen der *Annäherung an Belohnung* und *Vermeidung von Bestrafung*. Belohnung und Bestrafung meinen in diesem Zusammenhang alle Folgen unseres Verhaltens, die wir entweder positiv oder negativ einschätzen. So ist z. B. eine Beförderung genauso eine Belohnung wie die Freude beim Zusammensein mit Freunden und Familie. Eine Bestrafung steckt z. B. im Schmerz einer Wunde, aber auch im Schmerz einer Demütigung vor aller Leute Augen. Unter den Neigungen zu Annäherung und Vermeidung stehen spezifischere Persönlichkeitseigenschaften, die unser Verhalten leiten, wie z. B. Zielstrebigkeit oder Furchtsamkeit.

2 Der weite Weg der Einsamkeit 65

In der überarbeiteten Fassung fügten die Autoren ein drittes Motivationssystem hinzu, welches für die Lösung von Konflikten zwischen den ersten beiden Systemen verantwortlich sei. Sollten uns sowohl ein ersehnter Preis als auch eine gefürchtete Bestrafung bevorstehen, stellt das einen motivationalen Konflikt dar. Je nachdem, wie stark der Wunsch nach Belohnung und die Furcht vor Bestrafung ist, tendieren wir dazu, z. B. die Furcht in den Wind zu schlagen, um das lang ersehnte Ziel zu erreichen. Genauso könnten wir darauf verzichten, ein Risiko für das ersehnte Ziel einzugehen, weil die Furcht vor dem Fehlschlag und den Konsequenzen zu groß ist. Abhängig davon, wie sensibel dieses System ist, entdecken wir einen Konflikt leichter oder wir ignorieren ihn. In anderen Worten verkörpert das dritte Motivationssystem, wie schnell wir den Eindruck haben, vor einem Engpass zu stehen, der uns zu einer schweren Entscheidung zwingt. Aus Angst setzt Erstarren ein. Konfliktsensible Menschen sind demnach als sorgsam, nervös oder gewissenhaft zu beschreiben.

Für alle Persönlichkeitseigenschaften und ihr komplexes Zusammenwirken finden sich in der beeindruckenden Literatursammlung, die es zu dieser Theorie heute gibt, Entsprechungen aus dem menschlichen Gehirn.

Den Wesenszügen in uns kommt zweifellos eine besondere Rolle zu, wenn sich entscheidet, ob wir im Geiste Mauern hochziehen und ein Gefängnis schaffen oder eine Ressource schaffen. In uns steckt ein Potenzial, das bestimmt, wie wir mit Stille und Abgeschiedenheit umgehen. Das können individuelle Erfahrungen aber auch Persönlichkeitseigenschaften sein. Doch wenn wir Christian Friedrich Daniel Schubarts Beschreibungen seiner Haft bedenken, wird klar, dass das nicht alles sein kann.

Wenn uns Einsamkeit von außen aufgezwungen wird, hat sie oft eine verheerende Wirkung. Dabei denke man an Franz Kafkas Kunst, ohnmächtige Figuren zu beschreiben, die ihre Isolation inmitten der Menschenmassen finden. So ist Josef K. in „Der Prozess" (Kafka 2006) auf sich gestellt und machtlos in seinem Kampf gegen ein undurchsichtiges Justizsystem, das ihn für eine Schuld, von der er nichts weiß, vor den Pranger stellt. Auch Gregor Samsa ist, zum Ungeziefer verwandelt, Opfer seiner Familie. In „Die Verwandlung" (Kafka 2005) wird er in sein Zimmer gesperrt und inmitten seiner geliebten Familie zum Ausgestoßenen. Grotesk erscheinen die Tyrannen – Familienangehörige und Justizvollstrecker – die die Protagonisten ihre eigene Hilflosigkeit spüren lassen. Womöglich ist es mit den „Jammerklüften" der Einsamkeit wie so oft ein Zusammenspiel beider Seiten. Eine vorbestehende, innere Verletzlichkeit trifft auf Gleichgültigkeit, Verfolgung oder Erniedrigung von außen. Alles, was dann noch fehlt, ist ein blanker Nerv, der in Stille und Abgeschiedenheit gereizt wird.

Doch von einem blanken Nerv kann beim genussvollen Erleben der Einsamkeit keine Rede sein. Rilke stellt unter Beweis, dass es sie gibt, eine Eigenschaft oder Perspektive, die die Einsamkeit zum Künstlerexil werden lässt, die den Wandel von „Jammerkluft zu strahlender Statue" ermöglicht. Fälle, in denen wir die Einsamkeit selbst aufsuchen, scheinen ein guter Ausgangspunkt zu sein.

Wie eingangs im ersten Kapitel erwähnt, existiert in uns allen, wenn auch verschieden stark, der Wunsch nach Rückzug. In der Psychologie ist ein Extremfall dieses Bedürfnisses bekannt: Menschen, die in Gesellschaft starkes Unwohlsein empfinden und bevorzugt als

Einzelgänger durchs Leben gehen. Es handelt sich um die schizoide Persönlichkeitsstörung. Laut dem DSM-5 (*Diagnostisches und Statistisches Manual Psychischer Störungen* [American Psychiatric Association 2015]), dem wichtigsten internationalen Klassifikationssystem psychischer Störungsbilder, ist diese Störung ein Muster von Persönlichkeitsmerkmalen, das durch Rückzug von affektiven, sozialen und anderen Kontakten, einzelgängerischem Verhalten sowie der mangelnden Fähigkeit zum Gefühlsausdruck gekennzeichnet sei. Bei Persönlichkeitsstörungen ist stets zu bedenken, dass es häufig um Extremausprägungen gewöhnlicher Eigenschaften geht. Nicht das Persönlichkeitsmerkmal im Allgemeinen ist Anlass zur Diagnose, sondern die problematische Stärke, mit der es auftritt.

Was Menschen mit schizoider Persönlichkeitsstörungen sogar unter psychischen Störungen auffallen lässt, ist ihr intrinsischer Wunsch allein zu sein. Viele Patienten, die an psychischen Krankheiten leiden, werden zunehmend isolierter. Das ist allerdings oft eine unangenehme Konsequenz der Störung oder ein aufrechterhaltender Einfluss für die Symptomatik. Im Falle der schizoiden Persönlichkeitsstörung ist die Isolation selbst gewählt. Deshalb ist es schwer zu beurteilen, ob eine Störung vorliegt. Wie kann es eine Störung sein, wenn Isolation angenehmer erlebt wird als Gesellschaft? Mit welcher Autorität dürfen Psychologen und Gesellschaft dem Patienten vorschreiben, welchen Zustand er als angenehm zu erleben hat?

Diese Fragen sollten immer bedacht werden, wenn wir von der Störung der Persönlichkeit und des Geistes sprechen. Das zuverlässigste Merkmal zur Beurteilung einer

Störung ist das Erleben der Patienten und auch das ihres näheren Freundes- und Familienkreises. Wenn der Patient leidet und Veränderung seines Zustandes wünscht, kann eine Behandlung erwogen werden. Diese Regel ist auf Einsamkeit genauso anwendbar. Leidet der Einsame und will nicht länger einsam sein, sollte geholfen werden. Ist die Einsamkeit selbstbestimmt, sollten wir den Wunsch nach Rückzug respektieren.

Von den eingangs gestellten Fragen bleibt die nach Schutz und Verteidigung des Ich. Auch hier liefert die schizoide Persönlichkeitsstörung Einsichten. Prof. Rainer Sachse hat bedeutende Beiträge zum Verständnis von Persönlichkeitsstörungen geleistet. Er identifizierte bei Patienten einige Grundmotive, die die Patienten in Beziehungen vergebens suchten (Sachse 2001, 2014). Bei der schizoiden Persönlichkeitsstörung nannte er u. a. Solidarität und Verlässlichkeit. Sie stellen das Bedürfnis nach stabilen und belastbaren Beziehungen dar.

Menschen mit schizoider Persönlichkeitsstörung erleiden in ihrem Leben oftmals Enttäuschungen hinsichtlich der Dauer und Robustheit ihrer Bindungen. Daraus formen sie problematische Annahmen über ihre Umwelt und Beziehungen, die das zukünftige Verhalten leiten. Dazu zählen: „Beziehungen sind nicht verlässlich.", „Beziehungen sind allenfalls Zweckbündnisse.", „In Beziehungen hilft einem niemand, man kann sich auf niemanden wirklich verlassen.", „Beziehungen sind insgesamt kalt, unfreundlich, anstrengend, unerfreulich, nutzlos.", „Man kann sich nur auf sich selbst verlassen.", „Allein kommt man am besten klar.", „In Beziehungen fühlt man sich unwohl, verlassen, allein.", „Bleib allein und kümmere dich um dich."

Viele dieser Annahmen zielen auf den Selbstschutz ab, den schon Rousseau gesucht und Cacioppo und Hawkley untersucht haben. Sie erinnern an eine gescheiterte Erreichung von Intimität, wie sie Erikson beschrieb. Besonders bemerkenswert ist der feste Glaube, auch in Beziehungen allein zu sein. Gesellschaft verschafft keine Linderung. Diese sei nur oberflächlich an einem interessiert und deshalb unterscheide sich das gemeinschaftliche Dasein nicht vom Alleinsein. Letztlich sei jeder, ob er sich mit einem oder eintausend Menschen umgibt, auf sich gestellt.

Manche dieser Annahmen treten bei anderen Störungsbildern und Persönlichkeitseigenschaften in vergleichbarer Form auf. So sind Narzissten und zwanghafte Persönlichkeiten ebenso davon überzeugt, sich auf andere Menschen nicht verlassen zu können, auch dass andere gegen unsere eigenen Interessen arbeiten. Rückzugsverhalten und ein Wunsch nach Alleinsein könnten hier also aus Selbstschutz heraus erfolgen. Im Falle der Narzissten wäre es eher eine geistige als eine räumliche Abkapselung. Sie bleiben zwar unter Menschen, verhalten sich aber gleichzeitig unnahbar. Aus einer schweren Furcht heraus, verletzt zu werden, überkompensieren viele Narzissten. Sie errichten einen übertriebenen Selbstwert, den sie nach außen hin präsentieren. Es gelingt ihnen sogar, sich selbst zu überzeugen, sie hätten gar keine Selbstzweifel. Sie erwecken den Eindruck, sich für grandios und fantastisch zu halten. Nur die Besten verdienen es mit ihnen zu verkehren, wenn überhaupt. Aber innen haben sie schreckliche Angst, jemand könnte merken, wie klein und unbedeutend sie sich fühlen.

Die Mauer der Täuschung, die sie um ihr Selbst ziehen, ist zum Schutz gedacht. Ich halte es daher für gerechtfertigt, zu spekulieren, dass Rousseau narzisstisch war und von den diesen Schutzmechanismen Gebrauch gemacht hat.

Diese Persönlichkeitsstörungen sind Extremfälle gewöhnlichen menschlichen Empfindens. Das bedeutet, dass wir aus Beobachtungen bei Persönlichkeitsstörungen etwas über menschliche Empfindungen und Persönlichkeit im Allgemeinen lernen können. All die Wünsche, Erfahrungen, Motive, Ängste und Annahmen können sich in kleinerem und stärkerem Maß in jedem manifestieren. Die Mechanismen von Verletzbarkeit und dem Bedürfnis nach Sicherheit und Ich-Wahrung sind menschlich und notwendig.

2.3 Verfall und verfallen sein

> *Ulrich Beer*

In diesem abwechslungsreichen und doch gleichbleibenden Rhythmus der Tage lebt und wirkt der Zeitgenosse, verfällt und altert, verfällt auch der Monotonie als einer schließlich lieben Gewohnheit, weil er ihr längst verfallen ist, und wird von ihr abhängig wie der Säugling vom Sauger, der Süchtige von der Droge.

Wir wissen heute, dass sich prinzipiell alles als Droge eignet: die Rauschmittel und Stimulantien, Alkohol und

Nikotin natürlich, aber auch das Automobil und die Telekommunikation, die Sexualität, der fremde und der eigene Körper, die Ideologie, aber auch die Gewalt.

Der Einsame, der wirklich abgrundtief und unerreichbar und ohnmächtig Einsame ist wahrscheinlich der gefährdetste und der gefährlichste Mitmensch überhaupt. Viele der großen Mörder und Attentäter der Geschichte waren isolierte, introvertierte und tief vereinsamte Menschen. Wären sie es nicht gewesen, hätte die mitschwingende Bewegung einer sozialen Gruppe oder einer tragenden Paarbeziehung sie auch über die Versuchung der Tat, über den bösen Gedanken, den teuflischen Plan möglicherweise hinweggetragen. Aber sie verfehlten ihre ja auch mögliche positive Rolle, weil sie nicht angeregt und aufgefangen wurden. Sie vergruben und verschanzten sich, mauerten sich in Selbstbetrug und Trotz ein und wollten schließlich das nicht erreichbare Vorbild zerstören, sich an der Menschheit für den eigenen Misserfolg rächen oder wenigstens durch die spektakuläre Tat noch einen grandiosen, wenn auch billigen Ersatzruhm auskosten. Vergleicht man einige Attentäter der letzten Jahrzehnte bekommt man den Eindruck, dass es ähnliche Menschentypen waren, die in dieser Unheil stiftenden Weise hervortraten: auffallend erfolglos, frustriert und seelisch unentfaltet. Einige sind entwurzelt und heimatlos und entsprechend seelisch labil. Darin liegt ihre hohe Ansteckbarkeit für erregende Zeitstimmungen begründet, aber auch ihre Widersprüchlichkeit und Disharmonie, die sie zu Gegentypen der Opfer werden lässt, die sie sich suchen.

Was sie entscheidend von ihren Opfern abhebt und was in vielen Fällen offenbar das stärkste Motiv für die Tat ist:

Sie sind bis zur Tat meist völlig unbekannt und erfolglos. Dabei sind Ehrgeiz und Radikalität oft Eigenschaften, die sie mit ihren Opfern verbinden, nur dass sie nicht die Ruhe des Erfolges und die Gewissheit einer höheren Berufung ausstrahlen, sondern häufig ratlos und gehetzt von einem Versuch zum anderen jagen, um für sich das Leben zu gewinnen und zu gestalten, das Schicksal sozusagen im Handstreich zu zwingen. Sie scheinen ihren Opfern am tiefsten zu verübeln, dass denen das gelang, was ihnen selbst versagt blieb. Sie sind der Faszination des Glanzes der anderen, allerdings auch der alles verändernden Wirkung von Gewalt erlegen, die sich letzten Endes dann natürlich gegen sie selbst richtete.

So wird die Gewalt heute und – wie zu befürchten ist – wohl erst recht in Zukunft zur gefährlichsten Droge, der der Mensch verfällt. Auch die Verbreitung der Rauschdrogen scheint über die schrecklichen Vergiftungsgefahren hinaus, die insbesondere der Jugend drohen, durch die Anhäufung von Gewalt und Terror ihr furchtbares Angesicht immer deutlicher hervortreten zu lassen. Chancen für die weltweite Drogenexpansion bestehen letzten Endes nur, weil es das schier endlose, unübersehbare Heer der einsamen Menschen gibt, die in ihren Bann geraten. Wer die Drogengefahr in aller Welt bekämpfen will, muss etwas gegen die Bosse und ihre Organisationen tun. Vor allem aber muss er sich vorbeugend der Einsamkeit annehmen und gerade jungen Menschen Chancen für ein sinnerfülltes Leben und tragfähige Beziehungen bieten.

Es ist nicht zu leugnen, dass Einsamkeit etwas Abgründiges hat. In sie zu stürzen erinnert entfernt an den Absturz in einen dunklen Abgrund, dessen Tiefe und

Ende man während des Sturzes nicht übersieht, weil man den Sturz in schwindelartiger Betäubung erlebt. Was sich am Boden des Grundes – ob man auf den Grund oder zugrunde geht –, ist zunächst offen und eben darum ängstigend. Wir fallen und dieses Fallen kann Ankommen zum Ziel haben, aber auch Verfall. Der Mensch – dazu bestimmt, zu transzendieren – strebt aus dem Gefängnis der Einsamkeit, das er nicht aufbrechen kann, hinaus in die erweiternde Innenerfahrung. Für die meisten ist dies der Rausch, und wenn der Rausch zur Gewöhnung wird, ist es die Sucht.

Jeder Sucht – ob Sex oder Droge, Alkohol oder Nikotin – ist gemeinsam, dass sie aus der verzweifelten Einsamkeit herausführt, Ichgrenzen sprengen soll, Freiheit verspricht und doch in paradoxer Umkehr immer mehr Abhängigkeit schafft. Dabei enthält die Sucht im verzerrten Spiegelbild oder in einer Fata Morgana das, wonach die gesunde Seele sich sehnt und was erst im Verfall krankmachender Eifersucht sich halbiert. Denn das ist die Wahrheit: Sucht ist halbierte Sehnsucht. Wahre Sehnsucht richtet sich auf Ganzsein, sucht etwas Fehlendes, dessen wir zur Ergänzung noch bedürfen. Sehnsucht ist Hoffnung, dass das Leben für uns noch etwas unglaublich Wichtiges bereithält. Menschen werden mit der Fähigkeit zur Sehnsucht geboren, nur so können wir uns das durch alle Jahrhunderte andauernde Suchen nach einer höheren Existenzform erklären.

> Sehnsucht ist die Kraft, die uns aus der Unzulänglichkeit unserer Existenz herausführt, das „Prinzip Hoffnung", das über unsere jeweilige Wirklichkeit, das Hier und Jetzt, hinausweist: in die Zukunft, ins Jenseits, in eine bessere Welt.

Ohne dieses Streben wären menschliche Kultur und der stete Drang des Menschen nach Verbesserung aller Verhältnisse, wäre menschlicher Fortschritt ebenso unerklärbar wie Religion und das tiefe Sehnen und Seufzen der Menschheit nach Erlösung und Heil. Eben weil er sich als Unheil, unvollkommen, unzulänglich empfindet, sucht und sehnt sich der Mensch nach mehr, nach der vervollkommnenden Ergänzung in einem liebenden Gegenüber und einem heilenden Gott.

Wenn der Mensch in diesem Glauben lebt und von dieser Hoffnung sich bewegen lässt, erfährt er sich als geborgen und getragen von einem höheren Sinn. Wenn er dagegen diese Spannung zwischen Himmel und Erde nicht aushält, sondern die Befriedigung auf der Erde ungeduldig schon jetzt sucht, halbiert sich die namenlose Sehnsucht zu einer Sucht, die viele Namen hat. Während der von Sehnsucht erfüllte Mensch wie ein Pfeil ist, auf die Sehne gespannt und auf ein Ziel gerichtet, ist der von Sucht getriebene oder gezogene wie ein Treibholz in dem Strudel. Er entbehrt des Ziels, und er erfährt keinen Sinn, sondern nur den Gleichtakt von Hunger und Befriedigung. Wirkliche Sehnsucht macht ihn zu Größerem fähig, hält ihn eingespannt in den Zusammenhang zwischen Gestern und Morgen, zwischen Himmel und Erde, Geist und Natur. Sucht wirft ihn auf sich selbst zurück und nimmt ihm damit die Kompassnadel der Orientierung. Wir können Sucht definieren als die Vereinfachung und Vereinseitigung eines umfassenderen Suchens nach Sinn. Sucht ist eine unerfüllte Liebe, sie verspricht mehr, als sie beinhaltet, und nicht nur mehr, als sie geben will, sondern auch als sie geben kann. Wie Liebe macht sie blind.

Der Süchtige und der Gegenstand seiner Leidenschaft sind auf unerklärliche Weise zusammengekettet, er ist „addicted", das heißt, er widmet sich, ja er weiht sich dieser einen Leidenschaft. Je weniger Fantasie der Mensch hat, desto empfänglicher und abhängiger ist er von der vermeintlichen Fülle dieses einen anderen Menschen und dieser einen Passion. Je mehr er seine eigenen Kräfte nur in den Dienst dieses Verlangens stellt, umso stärker erscheinen ihm die Kräfte des Gegenstandes seiner Leidenschaft. Er fühlt sich frei in Raten, um alsbald wieder neu in den Käfig seiner Abhängigkeit zu geraten.

Die Sucht entspricht der Situation des Gefangenen, der durch einen Zaun von der Freiheit getrennt wird; sein Ausbruchsversuch konzentriert sich auf die Stelle, an der die morscheste Latte sitzt. Dort gelingt ihm auch der Durchbruch, aber mit dem Anfangserfolg verstärkt sich seine Meinung über das Geleistete, Überwundene. Zunächst glaubt er, den ganzen Zaun aus der Welt geschafft zu haben, erkennt aber später, dass es wirklich nur eine morsche Latte war. Der nächste Zaun wird noch unüberwindlicher; der Mensch hat es nicht gelernt, sich etwas zuzutrauen, er haftet aus Schwäche an dem Erlebnis, die Latte überwunden zu haben.

So kommt es nie zu einer Sinnerfüllung. Süchte haben Ersatzcharakter. Der Gefangene hat eine Ersatzbefriedigung erlangt, als er das Gefühl hatte, den ganzen Zaun gesprengt zu haben, und doch nur in den nächsten Käfig gelangte. Statt seine Begrenzung zu akzeptieren und so innerlich alle Zäune zu überwinden, hat er sich Unbegrenztheit vorgespielt und ist in neue, oft größere Abhängigkeit gelangt.

Wie entsteht eigentlich die Verengung im Sog der Sucht, die uns schließlich unfrei macht? Beim ersten Versuch erleben wir einen Anfangserfolg. Die erste Zigarette erzeugt einen kleinen Rausch, der erste Wein mit Freunden getrunken, eine Euphorie. Die erste Autoraserei lässt uns die Verstärkung eigener Kraft durch PS erfahren. Da jeder Erfolg eine verstärkende Wirkung hat, regt er zur Wiederholung an. Bald darauf tritt der Wiederholungszwang ein. Wird der Inhalt unserer Sucht unerreichbar, empfinden wir einen starken Mangel, den wir stillen wollen. Dieses Vakuumserlebnis führt dann ganz sicher tiefer in die Sucht. Es entsteht eine Schraubenbewegung, die den Süchtigen kraftvoll in seine Sucht zwingt. Er kommt nicht frei, da er keine anderen Leidenschaften hat neben dieser einen. Irrtümlich nimmt er den Teil fürs Ganze. Er überfrachtet seine Erwartung nach Befriedigung und Befreiung und erlebt sie stellvertretend für alle übrigen. Damit betrügt er sich selbst.

Die trügerische Sehnsucht führt weg von der Wirklichkeit, die Würde der Realität wird leichten Herzens verspielt für eine ferne Wirklichkeit, so als hätte man beim Flug zum Mond bewusst kein Rückflugticket gelöst.

Auch dieses Bild weist ins Transzendente. Und die Organisationen, die sich der Suchtbekämpfung widmen – wie Guttempler, Blaues Kreuz oder Anonyme Alkoholiker –, haben die religiöse Dimension der Sucht durchaus erkannt. Sie wissen, dass die nahezu totale Abhängigkeit des Suchtkranken nur durch die noch größere, noch tiefere Bindung an eine höhere Macht, an Gott zu überwinden ist. Erst der abgefallene und darum verfallene Mensch, der Maß und Orientierung verloren hat, ist aus dem Sehnsuchtszusammenhang mit dem, dem er fern ist, den er nicht sieht und nach dem er sich doch sehnt, herausgekommen. Er ist gefangen im Teufelskreis der Süchte, ohne dass er die Gefangenschaft spürt. Ihm muss die neue größere Gemeinsamkeit vor Augen geführt werden, er muss daran erinnert werden, dass wir auch in der Sucht suchen.

Suchen gehört zum Menschen, wir alle suchen den Sinn, das Glück, den richtigen Weg und den, der uns die Richtung zeigt. Darum ist das Bekenntnis der glücklich Glaubenden auch immer ein Ausblick aus dem Verfallensein:

> Du tust mir kund den Weg zum Leben, vor dir ist Freude die Fülle (Psalm 16,11).

Wir sind Menschen auf der Suche und dabei immer in der Gefahr, zu vergessen, welches Ziel wir suchen und wohin wir unterwegs sind, in der Gefahr, abzufallen, zu verfallen all den Ersatzerfüllungen, den Rauschmitteln, aber auch Ehrgeiz, Macht und Eigensucht – statt der wahren Vollkommenheit, dem wirklichen Wohl und Heil, das wir nur allzu leicht und allzu gern vergessen. Gerade der Einsame ist von diesem Vergessen nie weit entfernt.

Das Vergessen ist eine der größten Qualitäten des Lebens und zugleich eine der gefährlichsten Gaben für den Menschen überhaupt. Es ist schwer zu entscheiden, ob eine gütige oder eine böse Fee ihm diese Gabe in die Wiege gelegt hat.

Es gibt das heilsame Vergessen: Wir haben die Eigenart und die Neigung, mit bösen Erinnerungen auf die Weise fertig zu werden, dass wir sie einfach vergessen.

In der Erinnerung vergoldet sich unsere Vergangenheit. Die Kindheit – die keineswegs immer die sorgenloseste und schönste Zeit war – gewinnt in der Rückschau heitere Farben, und wir sehnen uns nach ihr zurück, möchten noch einige Tage, Monate oder Jahre wiederholen können. Dabei haben wir die vielen Schmerzen vergessen, die mit Einsamkeit, Zurücksetzung, Verlassensein, Unterdrückung, Bevormundung und vielen anderen unausgesprochenen oder ausgesprochenen Kinderleiden verbunden waren. Heilsames Vergessen, das die Voraussetzung eines unbelasteten Lebens und wohl auch eines späteren Glücks ist.

Aber wer das Heil selbst vergisst, wer auch das Schwere, das Leid vergessen will, kann jenen Abgründen der Existenz verfallen, die kein heilsames, gesundes Vergessen bereithalten. In Wahrheit vergessen wir nicht wirklich, sondern verdrängen nur, was uns unangenehm ist. Die Ursache dafür ist in Wahrheit Undank. Denn wenn wir des Guten gedenken, das wir erfahren haben, können wir auch das Negative, das Leid ertragen. Es tritt dann von selbst in den Schatten und bekommt eine untergeordnete Rolle. Auch die Einsamkeit wird positiver erlebt, wenn wir uns mehr des Guten erinnern, das wir erfahren haben, als wir in Gram und Verbitterung uns nur des Schweren erinnern, das uns zugefügt wurde.

Die Kraft des positiven Denkens, der Hoffnung und des Optimismus, die jene anderen, erfreulichen Zeitgenossen ausstrahlen, rührt auch daher, dass sie Negatives vergessen und Positives umso intensiver bewahren und umso deutlicher wahrnehmen können.

2 Der weite Weg der Einsamkeit

Dazu gehört auch, dass sie zu danken vermögen, weil ihnen das Gute, das sie erfahren haben, nicht selbstverständlich ist. Sie vergessen es nicht einfach und erinnern sich deswegen auch derer, denen sie das Gute verdanken, und vor allem des Gebers aller guten Gaben, von dem der Psalm 103 sagt:

Vergiss nicht, was er dir Gutes getan hat!

Und auch dieses Vergessen ist uns aus der Bibel nur zu bekannt. Von den zehn geheilten Aussätzigen kann nur einer zurück, um dem Heiland zu danken. Von den Jüngern, die im Garten Gethsemane wachen sollten, erinnerte sich offenbar keiner. Alle schliefen und wurden von Müdigkeit und Vergesslichkeit übermannt.

Wenn Paulus im Kap. 3 des Philipperbriefs betont:

Ich vergesse, was dahinten ist,

ist nicht eigentlich das buchstäbliche Vergessen gemeint, also das ablehnende Sich-nicht-mehr-Erinnern, sondern nur dieses Sich-nicht-mehr-beherrschen-Lassen, nicht mehr gefesselt sein, sondern frei sein auch von der Macht der Vergangenheit. Vergangenheit kann auch lähmen und überschatten, kann unfrei und deprimiert machen. Nicht leer geräumte Schuldkonten, nicht vergebene Sünden, nicht bewältigte Vergangenheit sind eine schwere Hypothek, die wir nicht vergessen, ja die wir verarbeiten sollten. Indem wir uns damit auseinandersetzen, indem wir sie abtragen und Schicht für Schicht durch bewusste und unbewusste seelische Energieanwendung, durch Austausch und Aussprache, durch Gebet und Gnade wie durch ein feines Sieb pressen, gewinnen wir die ursprüngliche Kraft zurück, die durch diese belasteten Hypotheken gelähmt war. Eben das ist der Sinn der göttlichen Vergebung, dass wir unbefangen und neu, unschuldig wie die neugeborenen Kinder sein können und vor Gott und Menschen neu beginnen. In diesem Sinne dürfen wir alles vergessen, was war, oder wie es in dem Weihnachtslied „Fröhlich soll mein Herze springen" heißt:

> Lasset fahrn, o lieben Brüder, was euch quält; was euch fehlt: Ich bring alles wieder.

Damit ist ja wohl die unbelastete Unschuld, der Zustand *quasimodo geniti* gemeint, dem wir einen Sonntag nach Ostern gewidmet haben, der in der katholischen Tradition der Weiße Sonntag heißt, an dem die Kinder zur ersten heiligen Kommunion geleitet werden.

Das entscheidende Gedächtnis aber bewahrt uns Gott selbst.

> Ich will dein nicht vergessen,

wie es bei Jesaja heißt. Der lutherische Theologe Werner Elert erläuterte die Lehre von Tod, Auferstehung und ewigem Leben so: Wenn wir tot sind, sind wir richtig tot. Unsere einzige Hoffnung ist, dass wir im Angedenken Gottes ruhn, dass er uns also nicht vergisst und eines Tages wieder ruft. Also nicht eine Unsterblichkeit der Seele und ein Verlassen des Leibes durch eine Seele, die womöglich noch Zwischenstation in einem anderen Organismus nehmen kann, wie heute wieder viele glauben. Nein, der Mensch ruht als ganzer im Angedenken Gottes, der ihn nicht vergisst und der ihn auch als ganzen wieder ruft.

Hier ist auch unsere Einsamkeit zu Ende. Nicht Verzweiflung und Resignation sind unser Schicksal, sondern am Ende die große Begegnung, die das Ende aller Einsamkeit sein soll. Darum hat Hoffnung das letzte Wort und nicht Resignation. Gewiss: Resignation kann auch weise Selbstbescheidung sein. Marie von Ebner-Eschenbach sagt es so:

> Heitere Resignation – es gibt nichts Schöneres.

Diese Lebenseinstellung gehört gewöhnlich zu einer späteren Lebensstufe, sie steht vornehmlich alten Menschen an, die ein erfülltes Leben gelebt haben, nun aber bewusst zurückstecken, weil sie einsehen, dass nicht mehr alles so läuft, wie es vielleicht einmal lief, die aber wach geblieben sind in der Einschätzung ihrer Lage und lächelnd nachgeben, andere Lebensqualitäten zu entdecken bereit sind.

Andererseits sagt dieselbe Marie von Ebner-Eschenbach:

> Nichts ist erbärmlicher als die Resignation, die zu früh kommt.

Mit diesen Worten ist die Doppelbedeutung des Begriffs umfasst, der ursprünglich Entsagung, Verzichtleistung bedeutet. Dass im Verzicht eine Leistung und persönliche Stärke offenbar werden können, ist nicht ungewöhnlich: Da verstehen wir Resignation als das Resultat aus Erfahrungen, deren Verarbeitung und gesunden Konsequenzen.

Ist hingegen ein Mensch immer wieder vorschnell zum Verzicht bereit, hat er sich auf Depressionen eingerichtet: Durch diese Form der Resignation blockiert er sich selbst und leider oft auch seine Nächsten. Seine besten Kräfte wie Lebensmut und Hoffnung versiegen, seine Lebenskraft wird abgewertet, bis das Leben keinerlei Freude mehr macht, er sich selbst bald nur noch als Spielball des Schicksals sieht oder allenfalls als Handlanger anderer Menschen. Seine restliche Lebenskraft widmet er dann vorzugsweise dem Gedanken, der oder die anderen wären schuld an seiner Lust- und Erfolglosigkeit. So macht er sich diese anderen auch noch zu Gegnern.

Es ist bedrückend, diese Tendenz schon an jungen Menschen zu erkennen, die sich bereits ausrechnen, wann sie wie viel Rente beziehen werden – als wäre ihr eigenes, einmaliges Leben, nämlich die Zeit, die dazwischen liegt, nur sinnloser, lustlos zu überbrückender Zeitraum. Viele junge Menschen sehnen sich nach Sicherheit, ohne genau zu wissen wovor, sie wünschen totale Versorgung durch die, deren Anstrengung für diesen Wohlstand sie so verachtenswert finden, dass sie gleichzeitig „alternativ" zu ihnen leben wollen. Sind die anderen (die Alten, die „Gesellschaft") die Macher, so wollen sie die Kritiker sein. Als wäre mit diesem – falsch verstandenen – Begriff bereits eine aktive Kraft geboren.

Resigniert uniformieren sie sich scharenweise, um sich abzuheben, als wäre mit der äußeren Verkleidung bereits das innere Wertgefühl gewährleistet. Es ist schwierig, diese jungen Menschen zu motivieren, da sie zu jeder Art Resignation sofort bereit sind. Jede Art aktiver Hilfe hier und heute wird mit den Worten: „Was kann ich schon tun?"

abgelehnt. Da das Abendland ohnehin untergangsreif sei, das eigene Leben sinnlos, Freude an einer Arbeit verdächtig, Freude am Leben allenfalls eine lügnerische Behauptung, setze man sich zur Ruhe, ehe man überhaupt mit dem Schaffen begonnen habe. Diese Haltung ist ansteckend wie eine Virusinfektion. Erfahrungen wie die von Freiheit, Liebe und Glück bleiben unerkannte Ziele.

Diese triste, zu früh kommende Resignation ist Fehlverhalten, sie entspringt dem Verzicht auf Entscheidung und ist doch nur durch Entscheidung zu beenden. Es gibt keinen Grund und keine Entschuldigung dafür, sein eigenes Leben nicht in allen Konsequenzen leben zu wollen.

Dies gilt insbesondere dann, wenn das Lebensalter mit dem völligen Segelstreichen aller Hoffnung in einem paradoxen Widerspruch steht. Gerhart Hauptmann hat einmal darauf hingewiesen, er habe mehr jugendliche Greise gesehen, als er je für möglich gehalten habe. Gleichzeitig erinnerte er in einer Rede an die Jugendlichkeit vieler Hochbegabter, die eigentlich das Alter niederdrücken müsste.

Dennoch bringt uns unser Älterwerden alle in die Situation, mit Einschränkungen leben zu müssen. Dies ist nicht leicht. Wir bedauern, was wir verlieren; wir sind versucht, uns weniger wert zu fühlen. In gewissen Stunden zieht uns ein wirbelartiger Schmerz in den Strudel des Abgrunds, aus dem es keine Wiederkehr gibt: Uns wird klar, dass Lebenszeit und Lebenschancen unwiederbringlich dahingehen. Wir fühlen, wie wir uns in der eigenen Zurechnung wie in der Einschätzung anderer auf die Passivseite der Lebensbilanz zubewegen. Das kann uns bitter resignieren lassen – wenn wir nicht die Entscheidung treffen, auch diese schleichende Krise zu meistern, und zwar konstruktiv und kreativ. Die Verluste mögen noch so groß, der Schwund mag noch so spürbar sein: Schon wenn wir, statt unseren lieben Nächsten mit Klagen und Anklagen zur Last fallen, heiter bleiben und unsere verbleibenden Kräfte gern und sinnvoll auch für diese anderen einsetzen, tun wir ihnen und uns den größten Gefallen.

2.4 Kontrolle über das Selbst

» *Malte R. Güth*

Die Sucht nach dem Ich und nach dem Alleinsein ist tückisch. Die Wesenszüge und Neigungen, die sich unter ihrer Einwirkung entwickeln können: Aggressivität, Misstrauen, Vergessen und Resignation, muten wie ein Kontrollverlust an. Schlimmer noch, die Entwicklung in der Einsamkeit ist ein Kontrollverlust bei vollem Bewusstsein und daher schwer zu akzeptieren. Wer wenn nicht ich, ist Herr meiner Sinne, meiner Erinnerung und meiner Handlung? Dass die Kontrolle einem entgleitet, ist eine Einsicht, mit der viele Suchtkranke ringen. Sie verfallen dem Rausch. Wem oder was verfällt der Einsame? Was geschieht mit unserer Selbstkontrolle, wenn wir über lange Zeit Einsamkeit erleben? Und wie bestimmen diese Veränderungen den zukünftigen Umgang mit Einsamkeit?

Die Kontrolle über unser Verhalten und unsere gedanklichen Prozesse ist an sich eine geistige Fähigkeit. Wie z. B. die Lenkung unserer Aufmerksamkeit, die Aufnahme neuer Informationen, das Hemmen von spontanen Impulsen oder das schnelle und flexible Hantieren mit Gedanken zu zielgerichtetem Verhalten integriert werden, hängt von einer übergeordneten Selbstkontrolle ab. Auch die Regulation unserer Emotionen kann als Teil der Selbstkontrolle gesehen werden. Sie ist, was uns erlaubt, Herr unseres Selbst zu bleiben.

Wenn wir uns am Steuer auf den Verkehr konzentrieren oder in einer wichtigen Besprechung mit einem Vorgesetzten genau zuhören müssen, kann das Auftreten einer Emotion uns von unserem Ziel ablenken. Durch einen achtlosen Autofahrer oder eine Provokation des Vorgesetzten ist unsere Selbstkontrolle gefährdet. Wir sprechen uns selbst zu: „Nicht überreagieren, es ist halb so wild.", „Lass dir jetzt nichts ansehen. Du musst ruhig bleiben.", „Der will dich nur provozieren. Du tust ihm einen Gefallen, wenn du die Beherrschung verlierst.". Mithilfe einer Regel oder aufbauenden Selbstzuspruchs üben wir emotionale Kontrolle aus.

Für einen beispielhaften Kontrollverlust durch Emotion und Persönlichkeit nehmen wir uns noch einmal der einsamen Attentäter an. Während es stimmt, dass, wie Ulrich Beer schreibt, gemeinsame Eigenschaften von Attentätern und Massenmördern der vergangenen Jahrzehnte entdeckt wurden, möchte ich in manchen seiner Eindrücke widersprechen. Attentäter und Massenmörder sind keinesfalls alle vom selben Schlag, nicht einmal die Berüchtigtsten der Geschichte lassen sich unter einem

Persönlichkeitstypus vereinen. Für einen interessanten Überblick und Theorien zu den Entwicklungen des Terrorismus durch den Ausbau der digitalen Vernetzung empfehle ich einen Artikel des Psychiaters Jerrold Post, „The changing face of terrorism in the 21st century" („Das wandelnde Gesicht des Terrorismus im 21. Jahrhundert") (Post et al. 2014).

Was auf Attentäter zutreffend zu sein scheint, ist, dass es sich bemerkenswert oft um frustrierte, erfolglose und zurückgezogene Individuen mit geradezu chronischer Wut handelt. Ebenfalls weit verbreitet sind psychotische Züge: Entfremdung von der Realität, Wahnvorstellungen oder ein Verlust akkurater Selbsteinschätzung, sog. Ich-Störungen.

Psychotische Erkrankungen

Psychotische Erkrankungen sind eine Gruppe psychischer Störungen, die durch sogenanntes abnormales Denken und Realitätsverlust gekennzeichnet sind. Leidende sind nicht in der Lage, ihre Umgebung oder die Wirkung ihrer Handlung realistisch einzuschätzen. Zentrale Symptome sind verschiedene Formen von Wahn und halluzinative Vorstellungen, wie Sinneswahrnehmungen, die nur sie haben. Sie hören z. B. Stimmen oder diskutieren mit Personen, die sie sich einbilden. Psychotische Symptome können bei Schizophrenie, einigen Fällen von Substanzabhängigkeit (z. B. Sucht nach Cannabis) und anderen Störungen auftreten.

Allerdings sind die Täter im Allgemeinen nicht etwa introvertiert oder grüblerisch, das Gegenteil ist der Fall. Schwere Gewaltverbrechen werden weit häufiger von enthemmten und impulsiven Menschen begangen. Fassen sie ein Ziel oder sehen sie ein Objekt der Begierde, können sie ihre Emotionen und Wünsche kaum im Zaun halten. Diejenigen unter ihnen, die sich zurückziehen, tun dies, weil sie Ablehnung von ihrem Umfeld erfahren haben. Introvertierte Menschen neigen zum Rückzug, weil es für sie angenehmer ist, weil es ruhige, reflektierte und nicht im Mindesten enthemmte Menschen sind.

Einen passenden Vergleich bieten erneut der Narzissmus und die schizoide Persönlichkeitsstörung. Letztere ziehen sich von der Gesellschaft zurück, weil die Interaktion mit anderen Menschen ihnen schwer fällt und Unannehmlichkeiten bereitet. Narzissten hingegen haben grandiose Selbstvorstellungen. Sie erleben deshalb oft Streit mit Menschen in ihrer Umgebung. Ihre Vorstellung von sich und ihren Handlungen deckt sich nicht mit den Eindrücken anderer Menschen. Wenn Narzissten sich zurückziehen, dann aus Frustration und Wut über die erfahrene Ablehnung. Andere geben ihnen nicht die Bewunderung, die ihnen ihrer Meinung nach zusteht.

In ihrem Selbstbild nicht bestätigt zu werden, können Narzissten sehr persönlich nehmen und aggressive Tendenzen entwickeln. Obwohl Narzissten ein grandioses Ego nach außen projizieren, sind sie empfindlich. Oft dient die Selbstverherrlichung der Flucht vor den eigenen Minderwertigkeitsgefühlen. Wenn jemand das narzisstische Selbstbild infrage stellt, droht er, die innere Unsicherheit des Narzissten aufzudecken.

Ärger und auch Angst sind hier die zentralen Emotionen. Wie schon in der evolutionären Perspektive der Einsamkeit angesprochen, sind Emotionen zweckhaft. Sie richten unser Verhalten auf ein Ziel aus, indem sie diesem

Ziel eine Bedeutung für uns geben. Die Gesellschaft anderer Menschen zu meiden, hätte für mich keine Bedeutung, wenn ich nicht schreckliche Angst vor Zurückweisung hätte. Dass andere meiner grandiosen Selbstauffassung widersprechen, könnte mir einerlei sein. Ich spüre aber weißglühenden Zorn, wenn mir meine Fähigkeiten aberkannt werden und mir verwehrt wird, was mir zusteht.

Emotionen haben die Macht unsere Aussicht auf die Welt zu formen. Ihr Sinn ist, den Menschen auf ein Ziel einzustellen. Daher können sie Gedanken, Wahrnehmung und Verhalten steuern. Ärger und Angst lassen uns eine Defensivhaltung einnehmen. Sie synchronisieren unsere Energien zur Flucht oder Verteidigung. Dafür ist es notwendig, dass wir achtsamer für Gefahren werden. Hypervigilanz, dauerhaft gesteigerte Wachsamkeit und Sensibilität für scheinbar unbedeutende Informationen, kann die Folge sein. Es gibt faszinierende Experimente, die demonstrieren, wie viel sensibler für Bedrohungen wir durch diese Emotionen werden. Z. B. ist es für ängstliche Polizisten wahrscheinlicher, eine Waffe bei ungefährlichen Passanten zu entdecken, obwohl keine da ist (Nieuwenhuys et al. 2012).

Hypervigilanz

Hypervigilanz beschreibt in klinischen Kontexten wie bei Störungen der Schmerzempfindung, einer posttraumatischen Belastungsstörung oder Hirnschädigungen verschiedene Verhaltensweisen. Was Patienten aller genannten Störungen zeigen, ist eine erhöhte Sensibilität für Bedrohung und eine gesteigerte Achtsamkeit für plötzliche Ereignisse in ihrem Umfeld. Sie beobachten ihre Umgebung

> übertrieben genau und glauben, hinter jeder Ecke eine Gefahr zu entdecken. Ein Schmerzpatient kann überempfindlich für Berührungen oder Situationen, die bestimmte Bewegungen verlangen, sein, da er gelernt hat, dass sie Schmerzen verursachen. Ein Kriegsveteran mit posttraumatischer Belastungsstörung oder ein Patient mit Frontalhirnsyndrom kann paranoid werden, wenn es darum geht, Gefahrenhinweise aus dem Krieg oder einem Unfall im alltäglichen Leben zu entdecken. Die starken Ängste, die mit der Hypervigilanz einhergehen, sind meist unbegründet. Doch sie treiben die Leidenden manchmal dazu, auch in Äußerungen und banalen Verhaltensweisen anderer Menschen eine neue Bedeutung hineinzulesen. Gerade doppeldeutige Informationen, aus denen wir nicht sofort schlau werden, sind von Interesse. Solche Informationen finden besondere Beachtung, da Uneindeutigkeit für uns schwer zu ertragen ist.

Gewaltbereite Narzissten, aber auch andere Zurückgezogene, deren Ego gekränkt wurde, sehen ihre Identität in höchster Gefahr. Der Ärger und die Angst vor weiterer Kränkung steigen. Gedanken der Hoffnungslosigkeit treten häufiger auf. Passend zur Frustration und möglichen Traumata entsteht ein dysphorisches Gefühlserleben, anhaltende Stimmungsschwankungen. Diese Gefühls- und Verhaltensänderungen könnten vor allem in Isolation Überhand gewinnen.

Doch mit der Vermeidung neuerlicher Verletzung ist es nicht getan. Die bereits erlittenen Kränkungen müssen umgedeutet werden. Um das Selbstbild und die Identität zu wahren, darf die Kritik durch die Außenwelt nicht gerechtfertigt sein. Es muss andere Ursachen für unser Unglück geben. Die Schuld wird auf andere geschoben.

Neid und Missgunst gegenüber unseren Fähigkeiten haben sie zu Feinden werden lassen. Ohne eine zweite, klärende Meinung werden Erinnerungen verzerrt. Schlussfolgerungen über die Motive der Feinde geraten ins Abstruse. Z. B. habe sich schon damals beim Tod der Eltern der Rest der Verwandtschaft gegen uns verschworen und von allen Erbfragen ausgeschlossen. Vielleicht wollten sie uns schonen, Zeit zum Trauern einräumen und uns nicht mit rechtlichen Fragen belasten. Doch jetzt nach wiederholtem Ausschluss von Absprachen erscheint es, als hätten wir schon immer allein gegen die Front der Sippe gestanden, die uns nie akzeptieren konnte.

Diese Verzerrung geschieht nicht unbedingt vorsätzlich. Der Schutzmechanismus, ein kohäsives Ganzes aus den Erinnerungen und den jetzigen, verletzenden Erfahrungen zu machen, tritt automatisch ein. Es ist ein starkes Bedürfnis, aus Erfahrungen eine zusammenhängende Geschichte heraus zu ziehen. Ein solcher integrierter Erfahrungsschatz verschafft den Eindruck der Sinnhaftigkeit der lebenslangen Bemühungen. Zudem wird die Welt vorhersehbar und somit kontrollierbarer, wenn das, was uns widerfährt, zusammenpasst.

Ein geeignetes Beispiel für die Dynamik von Gewaltakten und der durch Wut und Angst gefärbten Isolation ist der Mythos des von der Gesellschaft entfremdeten Paramilitärs.

Der einsame Paramilitär

Frustriert durch das Scheitern im Leben, das oft durch Aggressivität und zwanghafte Geltungssucht bedingt ist,

> verstärkt sich die Liebe zur Militärkultur. Das Militär zur Kirche zu erklären, geht oft mit einer Kriegermentalität einher. Stoisch, unnachgiebig, paranoid, hörig gegenüber klaren Autoritätsstrukturen, ein überzogenes Gefühl der eigenen Grandiosität und eine Sehnsucht nach omnipotenter Kontrolle – das sind die Kennzeichen einer solchen Geisteshaltung. Ein ausgeprägtes Machtmotiv leitet das Verhalten. Die Waffe verleiht Befriedigung. Die Zivilgesellschaft bietet aber keinen Raum für allumfassende Autoritätsstrukturen und keine Toleranz für Gewaltsymbole wie Schusswaffen. Der einsame Paramilitär erfährt Ablehnung bei seiner Verfolgung des Machtmotivs. Er bleibt allein mit einem verletzten Ego, umgeben von Waffen. Aus der Gegenwart der Waffen, der Frustration und dem Glauben an die ungerechte Welt, die z. B. versteckte Gefahren oder den Wert des Paramilitärs nicht sehen kann, entstehen Fantasien, die die Ungerechtigkeit wieder gerade rücken. Ohne den Willen, die eigenen Überzeugungen von Macht und Autorität loszulassen, wird jede Lüge angenommen, die das Ego rettet.

Zusammenfassend äußern die einsamen Massenmörder eher Eigenschaften frustrierter, zurückgezogener und gewaltbereiter Narzissten als die eines verletzten Grüblers. Mit einer durch Paranoia und Machtstreben geprägten Geisteshaltung verstärkt die Isolation die Wut und aggressiven Vorstellungen gegenüber der Gesellschaft. Sie müsse Schuld an Kränkungen des Egos und unerfüllten Träumen tragen. Erinnerungen an die Eltern, die die Ausraster in der Kindheit hart gestraft haben, an die Schulkameraden, die die Suche nach Anerkennung mit Gelächter bedacht, an die Arbeitskollegen, die hinter dem Rücken geflüstert und sich verschworen, an die Ehepartner, die die Anschuldigungen und die Wutanfälle nicht mehr ausgehalten haben, prägen das Denken. Immer eindeutiger werden die Missgunst und die Verschwörung der anderen. Je länger solche gefährdeten Menschen allein bleiben und in sich verharren, desto fester werden diese Überzeugungen.

Das Fehlen einer nüchternen Perspektive auf das eigene Leben und Hilfe von außen sind definitiv an der Eskalation dieser Gedanken und Gefühle beteiligt. Doch der genaue Mechanismus, der den Kontrollverlust und illusorische Selbstvorstellungen in der Einsamkeit in Gang setzt, ist nicht bekannt. Dass manche Menschen im Exil nicht leiden, sondern kreativ aufblühen, gestaltet die Angelegenheit noch komplizierter. Es gibt allerdings Versuche, zu erklären, wie unsere geistigen Fakultäten unter Isolation beeinflusst werden.

Besonders in jungen Jahren scheint Isolation negative Konsequenzen für unsere seelische, aber auch intellektuelle Entwicklung, zu haben. Viele Untersuchungen sprechen von der essenziellen Rolle der Gesellschaft für die Entwicklung unseres zentralen Nervensystems. Was genau geschieht, wenn wir z. B. im Kindesalter von unserem sozialen Umfeld abgeschnitten werden würden, ist experimentell schwer zu prüfen. Eine Stichprobe von Kindern müsste isoliert aufwachsen und dabei beobachtet werden. Kindern eine solche Traumatisierung zuzumuten wäre ethisch nicht vertretbar. Daher werden solche Deprivationsversuche an Tieren durchgeführt, deren physiologischer Aufbau begrenzt Rückschlüsse auf den Menschen erlaubt. Rhesus Affen, Schimpansen, Paviane, Hasen, Schweine, Mäuse oder Ratten sind oft die Studienobjekte. Viele Deprivationsversuche an Ratten oder dem Menschen nahen Affenarten ergaben, dass Teile des Gehirns sich offenbar erst durch Erfahrungen mit der Umwelt und durch sozialen Kontakt vollständig ausbilden.

Unsere biologische Reifung hängt von unserer sozialen ab. Wenn ich Erfahrungen mache, erlebe ich sie nicht nur subjektiv. Mein Körper reagiert und passt sich an. Übe ich einen Tanz lange genug, denke ich über die einzelnen Schritte nicht mehr nach. Sie gelingen wie von selbst. Der Bewegungsablauf ist so gut gelernt, dass weniger Ressourcen unseres Gehirns zur Ausführung nötig sind. Sogar der Ort der Bewegungskontrolle verlagert sich ins Kleinhirn, wo automatisierte Bewegungsprogramme abgerufen werden können. Verbinde ich eine Erinnerung an meinen ersten Familienurlaub, die erste Liebe oder die Geburt des Kindes mit enormer Freude, erhält die Erinnerungsspur im Gehirn eine besondere Stärke. Je öfter ich an bestimmte Erinnerung denke und sie im Leben nutze, desto leichter wird es, sie abzurufen.

Es sind diese Prozesse, die leiden, wenn uns nicht erlaubt ist, Erfahrungen zu sammeln. In Deprivationsversuchen werden sie ausgeschaltet. Das ist Isolation für unser Gehirn. Je früher sie stattfindet, desto sensibler reagieren wir. Ein Kind, das frühe Missachtung von den Eltern erlebt, wird seines potenziellen Erfahrungsschatzes beraubt. Was es subjektiv nicht erleben und erforschen darf, kann sich in seiner biologischen Entwicklung niederschlagen.

Die Beispiele Rousseau, die frustriert Zurückgezogenen und die Tierversuche illustrieren, dass wir während langer Isolation, Einbußen in bestimmten kognitiven Fähigkeiten erleben können. Das zeigt sich nicht nur in Jungtieren, sondern auch in erwachsenen Menschen. In den meisten

Experimenten an Menschen werden Versuchspersonen über geraume Zeit isoliert. Vorher und nachher werden Tests zur kognitiven Leistung durchgeführt, das Verhalten in Situationen mit emotionalem Charakter beobachtet oder der Umgang mit anderen Menschen beurteilt. Einige Arbeiten weisen darauf hin, dass nach langer Isolation verschiedene Gedächtnisfunktionen und die Art wie wir Informationen verarbeiten, auffällig sind (Baumeister et al. 2002).

Anscheinend neigen wir, wenn auch nicht im selben Maß wie die einsamen Paramilitärs, nach langer Isolation zur Hypervigilanz. Jedem kleinen Detail unserer Umgebung wird Aufmerksamkeit geschenkt. Aus scheinbar unwichtigen, aber uneindeutigen Informationen lesen manche Untersuchungsteilnehmer nach langer Isolation oder unter Gefühlen der Einsamkeit eher eine Bedrohung heraus. Besonders in Situationen, in denen wir mit anderen interagieren, ist es für uns schwer, jede Äußerung oder Reaktion unseres Gegenübers, sei sie mimisch oder gestisch, zu interpretieren. Das führt zu Ambivalenz. Nicht sicher zu sein, was das Gegenüber genau meint, scheint gerade nach Isolation und Einsamkeit schwer zu ertragen zu sein: Was meinen die anderen? Worauf spielen sie an? Sind wir die einzigen, die eine subtile Botschaft nicht verstanden haben? Bin ich von etwas ausgeschlossen?

Hinzu kommt, dass wir gehäuft Gedächtnisverzerrungen erleben. Es geht dabei nicht um Amnesie oder einen eingeschränkten Zugriff auf Erinnerungen, sondern eher um ihre emotionale Färbung.

> **Die Qual der Uneindeutigkeit**
> Angenommen wir befinden uns im Gespräch mit einem Arbeitskollegen, der etwas über unsere Scheidung und folgende Abwesenheit von der Arbeit sagt. Es ist nicht eindeutig, wie der Kommentar gemeint ist. Womöglich hat er ihn schlecht formuliert oder wir lesen zu viel in ihn hinein. Der Kommentar könnte bedeutungslos gewesen sein. Doch nach der Verletzung durch die Scheidung und langer Einsamkeit haben wir eine stärkere Tendenz, unklare Erinnerungen an diesen Arbeitskollegen künstlich zu vervollständigen. Plötzlich sind wir sicher, uns zu entsinnen, dass er schon immer eine ablehnende, herablassende Umgangsweise mit uns gepflegt hat. Der uneindeutige Kommentar passt genau in dieses Schema. Dementsprechend glauben wir, uns gegen den Arbeitskollegen wehren zu müssen und entgegnen, er solle sich gefälligst um seine eigenen Angelegenheiten kümmern.

Mit diesen Erkenntnissen erschließt sich die Geschichte Rousseaus ein Stückchen mehr. In seinem Exil im Landhaus hatte er feindselige Briefe und Schriften verfasst, in denen er seine ehemaligen Freunde denunzierte. So entwickelte er eine neue Perspektive auf seine Erinnerungen an die Pariser Künstlerkollegen. Womöglich erschienen sie nun schon immer missgünstig und neidisch gewesen zu sein.

Warum können wir diese Verzerrungen und fehlerhaften Verarbeitungsprozesse nicht kontrollieren? Man sollte glauben, dass wir ein Bewusstsein für alle Veränderungen unserer Gedanken und Erinnerungen haben, die in der Einsamkeit geschehen. Sollte ich es nicht als erster merken, wenn mir die Kontrolle entgleitet? Die Vorstellung, immer Herr unseres Selbst bleiben zu können, ist beruhigend, aber leider falsch. Unsere bewusste Selbststeuerung ist beeinflussbar.

In der Psychologie wird in diesem Kontext oft von *exekutiven Funktionen* gesprochen. Damit sind regulative Steuereinheiten unseres Verstandes gemeint, die vor allem durch präfrontale Strukturen in unserem Gehirn repräsentiert sind. Beispielsweise in stressreichen Situationen sinnvoll zu handeln, das Verhalten trotz starker emotionaler Belastung nach sozialen Normen, moralischen Grundsätzen oder Zielvorstellungen zu richten, ist Aufgabe dieser Funktionen. Sie erlauben uns, Fassung zu wahren und nach bestem Gewissen zu handeln. Deshalb sind es Schädel-Hirn-Trauma-Patienten, die eine starke Gewalteinwirkung auf den vorderen Teil des Schädels erlebt haben, die oft unter Impulsivität und Kontrollverlust leiden.

Exekutive Funktionen

Exekutive Funktionen ermöglichen uns bewusste Handlungssteuerung. Die Erforschung exekutiver Funktionen und ihrer Grundlagen im menschlichen Gehirn wurde maßgeblich durch Patienten mit Frontalhirnschädigungen vorangetrieben. Nach einem Autounfall, der zum Schädel-Hirn-Trauma führte, durch einen Schlaganfall oder eine starke Gewalteinwirkung auf den frontalen Teil des Schädels können Schädigungen des sog. Präfrontalen Kortex entstehen. Patienten erleben als Folge der Schädigung Einschränkungen ihrer Handlungskontrolle, teilweise sogar Veränderungen ihrer Persönlichkeit. Der berühmteste Fall einer solchen Schädigung ist Phineas Gage. Gage war ein amerikanischer Eisenbahnarbeiter, der 1843 einen schweren Unfall erlitt. Eine Eisenstange bohrte sich durch seine linke Wange und trat durch den Schädel wieder aus. Trotz der Verletzung überlebte Gage. Doch laut der Berichte seiner Familie und Freunde war er nicht mehr derselbe. Während seine Wahrnehmung, seine Sprache und andere intellektuelle Fähigkeiten unverändert waren, wurde der vormals gewissenhafte Gage impulsiver. Offenbar war Gage seit dem Unfall launisch, reizbar und erlitt gelegentlich Wutausbrüche. Es war seine Selbstkontrolle, die er durch seine Verletzung in Teilen eingebüßt hatte.

Exekutive Funktionen befähigen uns u. a. dazu, Gedanken zu ordnen, sie auf Ziele auszurichten, emotionale Impulse zu kontrollieren und unsere Handlungen zu steuern. Die bewusste Kontrolle über unser Verhalten ist, wie wir täglich exekutive Funktionen erleben können. Uns gedanklich im Griff zu halten und zu einem gewissen Maß auch Gefühle regulieren zu können, trägt dazu bei, dass wir uns als der Mensch präsentieren können, der wir sein wollen. Die Selbstkontrolle könnte somit als ein Teil unserer Identität gesehen werden.

Doppelgänger

Ein grotesker Spuk ging vor sich. Alle um mich herum erzählten mir, dass ich nicht mehr derselbe sei. Am schlimmsten war meine Frau. Sie konnte ihre Abscheu vor mir kaum verbergen. Ich sei nicht mehr derselbe. Zwar würde ich aussehen wie ihr Mann, sei aber ein anderer. Es sei, als wäre ich in seinen Körper geschlüpft. Er sei warmherzig, zurückhaltend und einfühlsam. Nie hätte ihr Ehemann sie geschlagen. Ich sei ein Hochstapler. Blinde Wut überwältigte mich. Die Frau, die mich angeblich liebte, fiel mir in den Rücken. Bevor ich aus dem Haus stürmte, zerlegte ich das Wohnzimmer in tausend Teile.

Nachts wanderte ich ohnehin lieber im orange-gelben Licht der Straßenlaternen. Seit meinem Unfall im Lager schlief ich kaum. Das lose Stahlrohr im Kompartiment über meinem Kopf hatte sich durch meinen Schädel gebohrt und mich zum Fremden im eigenen Haus gemacht.

> Warum redete meine Frau so einen Unsinn? Ein Mensch kann keine Haut nach Belieben abschälen und überziehen. Darunter ist nichts, kein verstecktes Ich. Ist es so schwer, zu akzeptieren, was vor einem steht? Bin ich nicht ich?
> Orbitofrontaler Kortex und Anteriorer Cingulärer Kortex – Kontrollzentren meines Verstandes und meiner Gefühle. Simpel und für jedermann verständlich im zentralen Nervensystem lokalisierbar. An diesem Punkt sei es schwer vorauszuahnen, was für Konsequenzen die Läsionen hätten, hatte die Ärztin mir erklärt. Dabei war die Diagnose geradezu trivial: schwerer Gewebsverlust im präfrontalen Kortex durch gewaltsames Eindringen eines Stahlrohres, Problemlöseverhalten intakt, Sprachverständnis und -produktion intakt, Langzeitgedächtnis intakt, Sinneswahrnehmungen intakt, Handlungssteuerung beeinträchtigt, emotionale Kontrolle beeinträchtigt. Ganz ohne Esoterik, ist das menschliche Empfinden aufklärbar. Alles mithilfe meines Gehirns – eine organische Maschine, die die Schaltkreise meiner Gedanken und Gefühle umfasst. Ich dichte nichts hinzu und nehme nichts weg.
> Vor einer Parkbank hielt ich an. Der illuminierende Kegel der Laterne fiel auf mein Gesicht. Ich selbst saß vor mir auf der Bank, die Beine übereinander geschlagen, die Arme über die Rückenlehne ausgestreckt und das verschmitzte Lächeln auf den Lippen. „Du bist hoffnungslos", bemerkte der Mann mit meiner Stimme. „Sie wollte hören, dass du sie liebst, dass du ihre Mühen zu schätzen weißt und dass du dich schämst." Ohne ihn eines Blickes zu würdigen, lief ich vorbei. Ich sprach nicht mit Hirngespinsten!

Verhalten unter Lösung unserer Kontrollfunktionen demonstrieren berühmte Figuren der Literatur wie Schillers Don Carlos (Schiller 2007) oder Goethes Werther (von Goethe 2005). Beide sind emotional-impulsiv und laufen einer aussichtslosen Liebe hinterher. Carlos wird am

Hofe seines Vaters, König Philipp, als rasend beschimpft. Seine wilden Gefühle lenken seine Handlungen und seine Reden, was ihn in Ungnaden fallen lässt. Sein engster Freund, der Marquis von Posa, will ihn zur Besinnung bringen. Er bittet Carlos, die Liebe zu seiner Stiefmutter und die Fehde mit dem Vater aufzugeben, um im unterdrückten Flandern für Ideale der Aufklärung einzustehen. Doch Carlos sieht sich verlassen und verraten. Er erkennt die Intrigen der Strippenzieher am Hofe nicht und schlägt den Rat Posas in den Wind. Die Chance, Flandern Freiheit zu bringen, ist dahin.

Mit besseren Kontrollfähigkeiten könnte Carlos seine Aufmerksamkeit weg vom Liebesleid auf die gefährlichen Intrigen richten. Er könnte seine Gedanken an das durch den Vater erlebte Unrecht vergessen und seine Optionen realistisch einschätzen. Er könnte seine Leidenschaft auf die Ideale der Aufklärung und die Befreiung Flanderns richten. Schließlich könnte er erkennen, dass seinen Gefühlsausdruck zumindest in Gegenwart seines Vaters und des Hofstabes zu zähmen, langfristig seinen eigenen Zielen dient. Er könnte sogar der Liebe näher kommen: Wenn er seine Stiefmutter nicht vor den Kopf stoßen würde, wenn er seinen Appell gemäßigt an sie richten würde, wenn er sich eine Position am Hofe erarbeitet hätte, die es ihm erlauben würde, über lange Zeit in ihrer Nähe zu bleiben und sie zu überzeugen, könnte Carlos sie gewinnen. Er müsste nur so besonnen wie Posa sein. Doch Carlos fühlt sich allein gegen den Rest der Welt gestellt. Rasend greift er nach dem Objekt der Sehnsucht und scheitert. Die Geschichte von Carlos könnte ein glückliches Ende nehmen, wäre er nicht einsam in seinem Leid.

Die Kapazität, Aufmerksamkeit zu lenken, Gedanken und Gefühle in Ruhe zu reflektieren, Informationen und Erwartungen aus der Umwelt zu gewichten und die eigenen Impulse für die Zielerreichung zu regulieren, dies sind Fähigkeiten, die sich durch Isolation und Einsamkeit verändern (Baumeister et al. 2005). Versuchspersonen, die Gefühle der Einsamkeit empfanden, zeigten keine Auffälligkeiten in einfachen Aufgaben eines Intelligenztests wie einem Gedächtnistest. Im Vergleich zu nicht einsamen Menschen waren aber übergeordnete selbstregulierende Prozesse beeinträchtigt. Bei Aufgaben zum logischen Schlussfolgern, bei denen mehrere Informationen gewichtet und integriert werden mussten, neigten Einsame zu mehr Fehlern. Auch im Umgang mit anderen Menschen zeigte sich schwache Verhaltenskontrolle und erhöhte Aggression.

Diese Ergebnisse beschreiben den Fall einer weiteren berühmten Figur der Literatur, Goethes Werther. Werther, vielleicht noch mehr als Don Carlos, leidet unter intensiver Isolation. Er ist auf Reisen, um Abstand zu einer zerbrochenen Beziehung zu gewinnen und Erbschaftsfragen zu klären. Das Exil in der Fremde ist ihm willkommen:

> Die Einsamkeit ist meinem Herzen köstlicher Balsam in dieser paradiesischen Gegend, und diese Jahreszeit der Jugend wärmt mit aller Fülle mein oft schauderndes Herz (von Goethe 2005).

Allein findet Werther Frieden. Er ist froh, endlich für sich sein zu können und den Anstrengungen der Heimat zeitweise zu entfliehen. Die Einsamkeit ermöglicht ihm, seine Lasten hinter sich zu lassen und neue Perspektiven zu erleben. So ist die Natur der Spiegel Werthers Seele:

Ich bin allein, und freue mich meines Lebens in dieser Gegend, die für solche Seelen geschaffen ist wie die meine. Ich bin so glücklich, mein Bester, so ganz in dem Gefühle von ruhigem Dasein versunken, dass meine Kunst darunter leidet. Ich könnte jetzt nicht zeichnen, nicht einen Strich, und bin nie ein größerer Maler gewesen als in diesen Augenblicken. Wenn das liebe Tal um mich dampft und die hohe Sonne an der Oberfläche der undurchdringlichen Finsternis meines Waldes ruht, und nur einzelne Strahlen sich in das innere Heiligtum stehlen, ich dann im hohen Grase am fallenden Bache liege und näher an der Erde tausend mannigfaltige Gräschen mir merkwürdig werden, wenn ich das Wimmeln der kleinen Welt zwischen Halmen, die unzähligen, unergründlichen Gestalten der Würmchen, der Mückchen näher an meinem Herzen fühle, und fühle die Gegenwart des Allmächtigen, der uns nach seinem Bilde schuf, das Wehen des Alliebenden, der uns in ewiger Wonne schwebend trägt und erhält – mein Freund, wenns dann um meine Augen dämmert und die Welt um mich her und der Himmel ganz in meiner Seele ruhn wie die Gestalt einer Geliebten, dann sehne ich mich oft und denke: „Ach, könntest du das wieder ausdrücken, könntest du dem Papiere das einhauchen, was so voll, so warm in dir lebt, dass es würde der Spiegel deiner Seele, wie deine Seele ist der Spiegel des unendlichen Gottes!" (von Goethe 2005)

In den kommenden Wochen lernt Werther die schöne Tochter des Amtsmannes im Ort kennen. Werther verfällt ihr und obwohl Lotte vergeben ist, kann Werther nicht von ihr lassen. Seine Gefühle sind überwältigend. Er muss sie Lotte gestehen. Doch sie lehnt ihn ab und stürzt Werther in tiefes Elend. Durch die vergeblichen Mühen,

Lotte für sich zu erwärmen, verändert sich das Gesicht der Natur für Werther. Während er die Natur zu seiner Ankunft und zu Zeiten seiner naiven Verliebtheit vergöttert, verliert sie nun ihre Schönheit:

> Das volle warme Gefühl meines Herzens an der lebendigen Natur, das mich mit so vieler Wonne überströmte, das rings umher die Welt mir zu einem Paradiese schuf, wird mir jetzt zu einem unerträglichen Peiniger, zu einem quälenden Geist, der mich auf allen Wegen verfolgt (von Goethe 2005).

Die Natur wird zum Katastrophenbild und spiegelt seine innere Qual. Werther erwägt sogar, sein Leben hier und jetzt in den Fluten zu beenden:

> Ein fürchterliches Schauspiel, vom Fels herunter die wühlenden Fluten in dem Mondlichte wirbeln zu sehen, über Äcker und Wiesen und Hecken und alles, und das weite Tal hinauf und hinab eine stürmende See im Sausen des Windes! Und wenn dann der Mond wieder hervortrat und über der schwarzen Wolke ruhte und vor mir hinaus die Flut in fürchterlich herrlichem Widerschein rollte und klang: da überfiel mich ein Schauer und wieder ein Sehnen! Ach mit offenen Armen stand ich gegen den Abgrund und atmete hinab! hinab! Und verlor mich in der Wonne, meine Qualen, mein Leiden da hinabzustürmen! dahinzubrausen wie die Wellen! (von Goethe 2005)

Seine eigenen Gefühle von objektiven Informationen wie dem Aussehen einer Landschaft zu trennen, ist Werther nicht mehr möglich. Auch wenn er es noch vermeiden kann, steht er kurz davor sein Leben zu beenden. Statt Hilfe zu suchen, eine neue Zukunftsperspektive zu finden und von Lotte abzulassen, vertieft er sich im Schmerz der unerwiderten Liebe. Die Nähe zur Realität und Fähigkeiten zur angepassten Verhaltenssteuerung scheinen in Werthers Isolation zu schwinden.

Doch ist es fair, Einsamkeit und Isolation nur mit kognitiven Ausfällen zu verbinden? Rousseau, Don Carlos, Werther und auch die berüchtigten Attentäter brachten durch ihre besonderen Biografien eine Qual in ihre Einsamkeit mit. Was sie noch auszeichnete, war eine impulsive, emotional labile Persönlichkeit. Solche Einflüsse sind schwierig in groß angelegten Studien zu kontrollieren. Dass die Emotionen die Gedanken überlagern und verwirren, ist auch nicht immer der Fall. Rousseau war dagegen hoch produktiv in seinem Exil und schrieb von der enormen Wirkung der Einsamkeit auf sein Schaffen.

Das Schlüsselelement, das alle diese Beispiele und auch die von Ulrich Beer aufklären könnte, ist eng mit den Emotionen verbunden, die wir in der Einsamkeit erleben. Es ist die *Emotionsregulation*. Sie zählt zu den Fähigkeiten der Selbstkontrolle und verspricht vieles von dem, was notwendig ist, um in Isolation und Einsamkeit zu bestehen.

Emotionsregulation

Der Psychologe James Gross definierte *Emotionsregulation* als denjenigen Mechanismus und alle Strategien, die wir bewusst oder unbewusst anwenden, um Einfluss auf unser emotionales Erleben zu nehmen (Gross 1998). Dazu zählt er u. a. die Neuinterpretation von emotionsauslösenden Situationen, ihre geplante Vermeidung, die Unterdrückung

> emotionalen Ausdrucks oder die gedankliche Vermeidung von Emotionen. Es sind demnach alle Mittel gemeint, die wir benutzen, Kontrolle darüber zu erlangen, wie wir uns fühlen.

Ich bin überzeugt, dass Gefühle immer ehrlich sind und Verständnis brauchen. Im Vergleich dazu mag die Regulation widersprüchlich erscheinen. Wieso sollte ich Gefühle überhaupt kontrollieren wollen, wenn sie immer ehrlich sind?

Gerne wird die Emotionsregulation unterschätzt oder einseitig betrachtet. Viele sind mit dem Begriff schmerzlich vertraut. Sie haben in der Familie eine Erziehung erfahren, die den Emotionsausdruck streng gemaßregelt hat: „Was du fühlst, geht nur dich etwas an. Behalt es für dich!", „Gefühle haben hier nichts verloren!", „Darüber sprechen wir nicht!", „Beherrsch dich!" Solche angelernten Regeln sind eine Form der Regulation, eine, die die Betroffenen im späteren Leben ankämpfen.

Regulation funktioniert in zwei Richtungen, sowohl herunter als auch herauf. Wenn die Betroffenen, die Emotionen unterdrücken, umlernen, müssen sie versuchen, Wege zu finden, vernachlässigte Empfindungen neu zu entdecken. Allein das Denken über ein Gefühl kann es maßgeblich beeinflussen. Unsere Interpretation einer körperlichen Empfindung kann ihr erst eine Bedeutung geben.

Nehmen wir Werther, dessen Herz in Trümmern liegt und der in heller Aufregung ist. Er geht in die Natur und findet nach einem Unwetter augenscheinlich die ganze

Welt in Trümmern. Er fühlt seine innere Erregung, sieht einige Sturmschäden und denkt, die Welt habe alle Freude verloren. Daraufhin verschlimmert sich seine Trauer. Würde er z. B. über das viele Sturmholz für ein abendliches Kaminfeuer nachdenken, könnte er seine Trauer auf die verwehrte Liebe eingrenzen. Würde er den Schmerz verwehrter Liebe anerkennen und überwinden, statt zu katastrophisieren, könnte er vielleicht Sehnsucht nach einer neuen Liebe entwickeln. Doch er spürt die Aufregung, sieht das Unglück und denkt, das Leben sei aussichtslos.

Es gibt Situationen, in denen ein Zurücktreten und Reflektieren uns hilft, Emotionen besser zu verstehen und zu erkennen, worin unsere eigentlichen Bedürfnisse bestehen. Wenn eine plötzliche Emotion uns übermannt und wir nie gelernt haben, angemessen mit ihr umzugehen, kann sie unsere Sicht auf unsere Umwelt verzerren. Manche gewichten Ängste zu stark und Freude zu schwach. Sie sehen Bedrohung und Ablehnung, wo keine sein muss, und verlieren sich in Zweifeln. Die Hemmung gewinnt die Überhand. Andere gewichten Freude und Übermut zu stark und Ängste zu schwach. Sie sehen überall Missgunst, schätzen Probleme falsch ein, neigen zum Leichtsinn oder steigern sich in ein manisches Gedankenrasen. Alle Hemmung wird fallen gelassen. So entsteht auf vielen Wegen der Kontrollverlust.

Die Einsamkeit kann der Schlüssel sein, eben diese Verzerrungen zu überdenken und Emotionen zu erforschen. Das kann bedeuten, dass sie neu bedacht und reguliert werden. Es kann aber auch bedeuten, dass sie erst jetzt unkontrolliert wahrgenommen werden. Das In-sich-Kehren gelingt dann, wenn wir für uns sind, wenn wir empfänglich für alles werden, was die Außenwelt verschluckt.

Durch unseren persönlichen Umgang mit dem Alleinsein ändert sich unsere Perspektive auf die Welt außerhalb des Exils. Vergraben wir uns in Schuld und Frust, laufen wir Gefahr, nicht mehr herauszufinden. Die Isolation wird zur Sucht, die wir nicht mehr kontrollieren können. Das Gegenteil der produktiven Einsamkeit tritt ein. Wir gewinnen keine Einsichten über das Geschehen in und um uns, die sonst im Treiben der Gesellschaft untergehen, sondern verzerren die Erinnerungen. Wir passen die Erinnerung an unseren derzeitigen, trübseligen Gefühlszustand an. Sehen wir unser Selbstbild bedroht, kann es sogar passieren, dass wir uns in Fantasiegebilden verstecken. Gelingt es uns, diese Verzerrungen zu erkennen und die emotionsauslösenden Situationen nüchtern zu analysieren, finden wir eine neue Perspektive. Die Einschätzung unseres Umfeldes wird realistischer und die Rückkehr fällt leichter. So gestaltet sich, wie wir in Zukunft mit der Außenwelt in Verbindung treten, wie oft, wie lange und mit welchen Gefühlen wir uns in Zukunft zurückziehen. Wer sich seiner inneren Verletzbarkeit bewusst ist, hat die Mittel, sie zu bewältigen.

> **Einsamkeit ist vielfältig**
>
> Ob wir bloß allein oder einsam sind, macht einen bedeutenden Unterschied. Das Gefühl der Einsamkeit ist entscheidender als die Zahl der Menschen um uns. Je nach unserer Persönlichkeit und Lebenserfahrung neigen wir stärker oder schwächer dazu, Einsamkeit negativ oder erholsam zu empfinden. Sich auf positive oder negative Aussichten

zu fokussieren, kann dabei eine wichtige Rolle spielen. Z. B. sehr neurotische oder Menschen mit depressiven Gedanken bringen eine Verletzbarkeit mit in den Rückzug. Sie haben Schwierigkeiten, unangenehme Erfahrungen ruhen zu lassen und ignorieren Positives. Einsamkeit kann auch als Schutz vor der Außenwelt erfolgen. Erfahren wir Ablehnung und Kränkung, suchen wir Schutz im Alleinsein, um unser Selbstbild zu wahren. Dieser Zustand kann zur Sucht führen. Ohne es zu merken, können unsere geistigen Fähigkeiten in der Isolation betroffen werden. Wir glauben, die Ursachen für den gegenwärtigen Zustand in Situationen zu erkennen, die viele Interpretationen zulassen. Dazu neigen wir vermehrt, zu feindseligem und unreflektiertem Verhalten. Um der Sucht und Entfremdung entgegen zu wirken, ist es wichtig, Klarheit über die eignen Emotionen zu schaffen. Offenheit gegenüber fremden und neuen Perspektiven auf Altbekanntes zu zeigen, hilft dabei.

Literatur

American Psychiatric Association. (2015). *Diagnostisches und Statistisches Manual Psychischer Störungen DSM-5*. Göttingen: Hogrefe.

Baumeister, R. F., Twenge, J. M., & Nuss, C. K. (2002). Effects of social exclusion on cognitive processes: Anticipated aloneness reduces intelligent thought. *Journal of Personality and social Psychology, 83*(4), 817.

Baumeister, R. F., DeWall, C. N., Ciarocco, N. J., & Twenge, J. M. (2005). Social exclusion impairs self-regulation. *Journal of Personality and Social Psychology, 88*(4), 589.

Cacioppo, J. T., Hawkley, L. C., Crawford, L. E., Ernst, J. M., Burleson, M. H., Kowalewski, R. B., Malarkey W. B., Van

Cauter E., Berntson G. G. (2002). Loneliness and health: Potential mechanisms. *Psychosomatic Medicine, 64*(3), 407–417.

Chioqueta, A. P., & Stiles, T. C. (2005). Personality traits and the development of depression, hopelessness, and suicide ideation. *Personality and Individual Differences, 38*(6), 1283–1291.

Cornwell, E. Y., & Waite, L. J. (2009). Social disconnectedness, perceived isolation, and health among older adults. *Journal of Health and Social Behavior, 50*(1), 31–48.

Goethe, J. W. von (2005). *Die Leiden des jungen Werther*. Köln: Anaconda.

Gray, J. A. (1987). *The neuropsychology of anxiety*. Oxford: Oxford University Press.

Gray, J. A., & McNaughton, N. (2000). *The neuropsychology of anxiety: An enquiry into the functions of the septo-hippocampal system* (2. Aufl.). Oxford: Oxford University Press.

Gross, J. J. (1998). The emerging field of emotion regulation: An integrative review. *Review of General Psychology, 2*(3), 271.

Kafka, F. (2005). *Die Verwandlung*. Köln: Anaconda.

Kafka, F. (2006). *Der Prozess*. Köln: Anaconda.

Lakey, B., & Cassady, P. B. (1990). Cognitive processes in perceived social support. *Journal of Personality and Social Psychology, 59*(2), 337.

Luo, Y., Hawkley, L. C., Waite, L. J., & Cacioppo, J. T. (2012). Loneliness, health, and mortality in old age: A national longitudinal study. *Social Science & Medicine, 74*(6), 907–914.

Nieuwenhuys, A., Savelsbergh, G. J., & Oudejans, R. R. (2012). Shoot or don't shoot? Why police officers are more inclined to shoot when they are anxious. *Emotion, 12*(4), 827.

Post, J. M., McGinnis, C., & Moody, K. (2014). The changing face of terrorism in the 21st century: The communications revolution and the virtual community of hatred. *Behavioral Sciences & the Law, 32*(3), 306–334.

Riemann, F. (1980). Flucht vor der Einsamkeit. In J. Schultz (Hrsg.), *Einsamkeit* (S. 25). Stuttgart: Kreuz.

Rilke, R. M. (1955). *Sämtliche Werke*. Frankfurt a. M.: Insel.

Rusting, C. L., & Larsen, R. J. (1997). Extraversion, neuroticism, and susceptibility to positive and negative affect: A test of two theoretical models. *Personality and Individual Differences, 22*(5), 607–612.

Sachse, R. (2001). *Psychologische Psychotherapie der Persönlichkeitsstörungen*. Göttingen: Hogrefe.

Sachse, R. (2014). Klärungsorientierte Verhaltenstherapie der schizoiden Persönlichkeitsstörung. *PiD-Psychotherapie im Dialog, 15*(3), 56–59.

Schiller, F. (2007). *Don Carlos*. Köln: Anaconda.

Schmid, R. (1980). Die Einsamkeit des Gefangenen. *Merkur Deutsche Zeitschrift für europäisches Denken, 381,*166–174.

Stessman, J., Rottenberg, Y., Shimshilashvili, I., Ein-Mor, E., & Jacobs, J. M. (2013). Loneliness, health, and longevity. *The Journals of Gerontology Series A: Biological Sciences and Medical Sciences,* 69 (6): 744–750. (glt147).

Stokes, J. P. (1985). The relation of social network and individual difference variables to loneliness. *Journal of Personality and Social Psychology, 48*(4), 981.

Suls, J., & Martin, R. (2005). The daily life of the garden-variety neurotic: Reactivity, stressor exposure, mood spillover, and maladaptive coping. *Journal of Personality, 73*(6), 1485–1510.

Tucholsky, K. (1960). *Gesammelte Werke in drei Bänden*. Hamburg: Rowohlt.

3
Zuwendung und Verfehlung des Ich

Zusammenfassung Sich dem Selbst zu widmen ist eines der Schlüsselerlebnisse, die die erholsame Einsamkeit ermöglicht. Der Schritt braucht Mut. Ihn aber nicht zu wagen, bedeutet Vernachlässigung und Verleugnung des Ich. Dieses Kapitel zeigt auf, wie es zum Verrat kommt und wie wir ihn rückgängig machen können. So soll nachvollziehbar werden, wie Einsamkeit als Chance zur Stärkung des Selbst genutzt werden kann. Die dafür notwendigen Wege nach Innen werden in diesem Kapitel offengelegt. Für eine vollständige Integration des Ich müssen Bedürfnisse und Gedanken erforscht, zugelassen und wertgeschätzt werden. Sich ständig in Bewegung, auf der Flucht vor der Einsamkeit zu befinden, ist bedauerlich. Die Flucht verwehrt uns Zugriff auf Ehrlichkeit, die in uns liegt.

3.1 Die Verfehlung des Ich

》 *Ulrich Beer*

Auch wenn es zunächst überraschend klingt: Der Einsame erleidet nicht nur den Verlust des Du oder sucht die Trennung von ihm, er steht vor allem in der Gefahr, sein Ich zu verfehlen. Auf diesen unerwarteten Zusammenhang weist Hermann Schreiber hin in seinem Buch „Singles. Allein leben. Besser als zu zweit?":

> Es geht im Alleinsein um das Ich, Und wenn das so einfach zu begreifen wäre, wie es klingt, dann würden weniger Singles ihre Befindlichkeit bloß wie eine in Mode gekommene Freizeitbeschäftigung beschreiben, wie ein Schnippchen, das sie dem anderen Geschlecht geschlagen haben. Solche Singles aber fliehen in Wahrheit gar nicht den Partner, sie fliehen sich selber (Schreiber 1978).

Zweierbeziehungen scheitern häufig an der Unvollständigkeit der Person, deren Ergänzungen sie im andern sucht. Damit wird der andere überfordert. Die Beziehung zerbricht, und der Suchende steht wieder allein und merkt nicht, dass er im Grunde sich selbst, seine innere Ergänzung, seine Vollständigkeit sucht. Diese, wenn auch unfreiwillige, Einsamkeit wäre die Chance, sich selbst zu finden. Aber sie enthält zugleich die Gefahr, sich zu verlieren und neu zu verfehlen.

3 Zuwendung und Verfehlung des Ich

Wir fürchten uns vor dem Neuen,

schreibt Mel Krantzler in seinem Buch „Der Weg aus dem Scheidungsschock":

> Ein Teil von uns möchte nicht allein sein, und so klammern wir uns verzweifelt an die alte Identität, die wir im Brennofen des Zusammenseins ausgeformt haben. Wir konstruieren alle möglichen Gründe, um Verhaltens- und Gefühlsänderungen, die durch das Alleinleben hervorgebracht werden, zu verleugnen oder zu verharmlosen. Dabei sind sie die ersten Anzeichen für eine Weiterentwicklung (Krantzler 1981).

Das Verhältnis zwischen der Autonomie der Person, dem in sich ruhenden Gleichgewicht des einzelnen Menschen, der vor sich und vor Gott allein dasteht und bestehen soll, und seiner Ergänzungsbedürftigkeit und damit seiner Stellung zu Partner oder Partnerin ist das heikelste Balanceproblem, das dem Menschen überhaupt gestellt ist. Es verbirgt sich bereits in dem entscheidenden Satz der Schöpfungsgeschichte:

> Gott schuf den Menschen sich zum Bilde, zum Bilde Gottes schuf er ihn, und schuf sie als Mann und Weib (Genesis I, 27).

Unmerklich wechselt innerhalb des gleichen Satzes der Text von der Einzahl zur Mehrzahl, wenn er den Menschen meint: Erst heißt es „Gott schuf ihn", und drei Worte weiter heißt es schon sie, also beide, Mann und Frau. Aus dieser Dialektik, die nicht weiter erklärt, begründet und schon gar nicht gelöst wird, findet der Mensch offenbar sein ganzes Leben nicht heraus. Löst er sich oder wird er herausgelöst, ist er unvollständig, fühlt sich einsam und sucht weiter. Wird er eingebunden, kommen die Probleme der Bindung und Du-Findung auf ihn zu – und in beiden Fällen bleibt ihm die Aufgabe, sich zu finden, statt sich zu verfehlen. Und dieses Finden schließt oft das Verlieren mit ein: Wer sich findet, wird sich verlieren, wer sich verliert, wird sich finden. Wie soll der Mensch mit dieser Dialektik fertig werden?

Aus ihr fällt er oder flieht er oft genug heraus, sondert sich ab, und in dieser Sonderung liegt zugleich seine Sünde gegenüber Gott und der Menschengemeinschaft.

In Goethes „Wilhelm Meisters Lehrjahre" sagt Wilhelm zu dem alten Harfner, der gerade das Lied „Wer nie sein Brot mit Tränen aß" gesungen hat:

> Ich finde dich sehr glücklich, dass du dich in der Einsamkeit so angenehm beschäftigen und unterhalten kannst und, da du überall ein Fremdling bist, in deinem Herzen die angenehmste Bekanntschaft findest (von Goethe 1970).

Hier wird an die positive Chance der Ich-Findung in der Einsamkeit erinnert. Aber was der Alte dann singt, lässt nichts von dieser Begegnung mit sich selbst erkennen:

> Wer sich der Einsamkeit ergibt,
> Ach! der ist bald allein;
> Ein jeder lebt, ein jeder liebt,
> Und lässt ihn seiner Pein.

3 Zuwendung und Verfehlung des Ich

Ja! Lasst mich meiner Qual!
Und kann ich nur einmal
Recht einsam sein,
Dann bin ich nicht allein.

Es schleicht ein Liebender lauschend sacht,
Ob seine Freundin allein?
So überschleicht bei Tag und Nacht
Mich Einsamen die Pein,

Mich Einsamen die Qual.
Ach werd ich erst einmal
Einsam im Grabe sein,
Da lässt sie mich allein! (von Goethe 1970).

Hier wird die Qual als Gefährtin des Einsamen erkennbar, die ihn erst im Grabe verlassen wird.

Worin besteht die Qual mancher Einsamen? Die Frage mutet seltsam an, da doch jeder zu wissen meint, dass Einsamkeit, die nicht freiwillig gesucht wird, in sich eine Qual sein muss. Aber ihre spezielle Färbung, ihr Charakter lässt sich schwer fixieren und definieren. Der eine leidet mehr unter der Langeweile, die sich ihm aufzwingt, weil er niemanden hat, mit dem er reden, sich austauschen, zärtlich sein kann. Der andere verspürt tief in sich die Angst vor Krankheit, Alter und Tod oder nur einfach die unnennbare, namenlose existenzielle Angst, über die er sich durch die Gegenwart anderer hinwegtäuschen kann. Ein dritter leidet unter der Langeweile, nichts mit sich anfangen zu können und andere zur Ablenkung nicht zu finden.

Und dann tun sich schwer nennbare Strudel in einem auf, ein Sog, der uns in Abgründe zieht. Wir wachen nachts auf, finden uns allein vor, ertragen uns nicht, mögen uns auch im Spiegel nicht mehr sehen. Uns beginnt zu schwindeln, Seele, Magen, Hirn oder was immer in uns scheinen zu kreisen, einen nicht auszuhaltenden, aber auch nicht mehr abzuhaltenden Wirbel zu bilden, der uns verschlingt, uns in ein gähnendes, großes Loch der Einsamkeit und Sinnlosigkeit stürzt. Gefühle der Ohnmacht und Verzweiflung liegen am Grunde dieses Strudels. Gerade Menschen, die um die Mitte des Lebens einsam geworden sind, aber das Einsamkeitstraining des Alters noch nicht geleistet haben, sind von dieser implosiven Gefühlsgewalt betroffen und an den Wurzeln bedroht und erschüttert. Sie gehen ins Grab, schon ehe sie gestorben sind, sie fühlen sich zugrunde gehen und haben Angst davor, weil sie die positive Chance noch nicht erkennen, auf die Sören Kierkegaard hingewiesen hat, wenn er an das Wortspiel erinnert, das in dem Begriff „zu Grunde gehen" enthalten ist. Auch Taucher gehen zugrunde, zum Grunde, und retten die Schätze aus dem Bauch des gesunkenen Schiffes. Aber vor diesem Gang auf den Grund, der uns allzu sehr als Sturz in den Abgrund erscheint, fürchten und hüten wir uns, wir vermeiden ihn – und verfehlen uns damit unweigerlich.

Hier wäre die Chance, im Grunde zweieinig zu werden, sich selbst als Dialogpartner, als Einheit in vielem, in der Vielfalt zu finden.

Oft hat man die Einsamkeit Gottes beklagt, der doch nie einen wirklichen Partner habe. Aber das christliche Bild vom dreieinigen Gott soll darauf hinweisen, dass eben

3 Zuwendung und Verfehlung des Ich

nicht die Einsamkeit des Verlorenen oder auch die – den Menschen wohlbekannte – Einsamkeit des Mächtigen auf eisiger Höhe vorliegt, sondern eben die dialogische, dialektische Einheit dreier Personen. So finden wir im Grunde unserer Einsamkeit, wenn wir sie nicht meiden und verfehlen, auch die Dreieinigkeit des dialogischen Ich im Dialog mit dem Du Gottes.

Wohl niemand hat krasser die Nähe des tiefsten Daseinsgrundes mit dem gefährlichsten Abgrund der Existenz charakterisiert als Jean-Jacques Rousseau in seinen „Träumereien eines einsamen Spaziergängers", in denen er seine Empfindung der Einsamkeit so bewertet:

> Alles ist für mich auf Erden zu Ende: Man kann mir nicht mehr wohl- noch wehe tun. Es bleibt mir auf der Welt nichts mehr zu hoffen noch zu fürchten; so ruhe ich sicher in der Tiefe des Abgrunds, ein armer, unglücklicher Sterblicher, doch unerschütterlich wie Gott selbst (Rousseau 1943).

Die Einsamkeit kann die Mutter der Neurose sein. Hier ist nicht zu reden von den Fällen, in denen sie ihre Folge ist. So gibt es kontaktschwierige Menschen, die deshalb allein bleiben, weil sie offensichtlich Fehlhaltungen vor sich hertragen und damit Mitmenschen abstoßen: übertriebene Geltungssucht, mangelnde Fähigkeit, zuzuhören und sich in andere einzufühlen, Egozentrik, Unaufrichtigkeit, Arroganz und Überheblichkeit, aber auch Unterwürfigkeit und Rückgratschwäche gehören dazu. All diese Fehlhaltungen weisen auf frühkindlich erworbene Erfahrungen, auf entwicklungsbedingte Auffälligkeiten hin, deren Träger mit der Zeit vereinsamen können.

Nein, hier ist der umgekehrte Fall gemeint, dass nämlich Einsamkeit, wie sie das Schicksal mit sich bringt, zu Turbulenzen der inneren Bilanz, zum Verlust des Gleichgewichtes, zu Störungen der Beziehung zu sich selbst und damit auch wieder zu anderen führen kann. Aber ein Scheitern aller Bemühungen auf dem Weg zum Du oder doch zum Ich zu finden, muss nicht endgültig sein.

> Der Mensch ist unermüdlich und unerschöpflich in dem Versuch, Bahnen und Brücken zu schlagen, Spannungen und Spiegelungen zu wagen. Sein Leben ist – wie es in Luthers Übersetzung des Galaterbriefes heißt – eine einzige „Vita experimentalis".

Mitunter wird dieses Experiment zu einer langwierigen Suche, in der sich der Einsame selbst zu finden sucht. Botho Strauß schildert diesen Suchvorgang:

> Jeden Abend, ungefähr ab halb sechs, verbrachte er vor dem Fernsehapparat und schaltete wahllos und ungeduldig zwischen den Programmen hin und her, so lange, bis mitten in der Nacht nicht mehr gesendet wurde. Es gab ihm einen Rest von Geborgenheit, einer unter zwanzig Millionen vergessenen Zuschauern zu sein, die wie er im selben Ausstrahlungskäfig, in derselben Isolation denselben Geschehnissen untätig beiwohnten. Nicht selten sah er an einem Abend bis zu fünf Nachrichtensendungen, immer wieder Heute, immer wieder Tagesschau. Und doch konnte er nicht eine einzige Meldung bei sich behalten; sobald er abschaltete, war alles, wie eine Sinnestäuschung, vorbei und wie nie gewesen. Erst nach dem

Entzug jedweder Opposition zu einem Menschen, einem Körper, einem Mund war er in dieses TV-Delirium verfallen (Strauß 1977).

Gerade die technisch und experimentell in den letzten Jahren höchst entwickelte Unterhaltungselektronik zeugt von dem Drang des Menschen, seinem Käfig zu entrinnen gleich der Ratte im Experimentierkäfig, die den heilverheißenden Ausgang sucht. Die vielfältig schillernden Ausgänge sind die Hi-Fi-Anlagen, die Bildschirme, Videos mit den zahllosen Programmen und die Online-Foren, die uns anonyme Teilhabe am Austausch gewähren. Insgesamt gleichen sie einem Spiegelkabinett, in dem der Mensch live ab morgens sechs Uhr und aus der Konserve rund um die Uhr seine Ablenkung, seine Ersatzpartner und letzten Endes sein Ersatz-Ich zu finden hofft. Auf der Suche immer wieder frustriert und betrogen, bleibt er in der Zone des Halbhungers empfänglich für die Suchstimulation der Geräte und schaltet sie täglich aufs Neue wieder ein in der Hoffnung, in seiner Suche irgendwann ans Ziel zu kommen.

[Ergänzung MG: *Dabei ist das Ziel nicht weit. Er muss versuchen, die Stille zu ertragen. In ihr steckt, was er zu ersetzen versucht, was er betäubt. Fernsehen und Internet geben Aussicht in die Welt außerhalb, können sogar Kontakt schaffen. Wie digitale Benutzeroberflächen zur Distanz und zur Anonymität verführen, können sie auch für Verbindung genutzt werden. Vorher muss es aber ein Ich geben, und es muss ohne Stimmen von außen Bestand haben.*].

3.2 Was treibt den Einsiedler?

» *Malte R. Güth*

So unpassend die Vorstellung für unsere Zeit zu sein scheint, es gibt sie noch, die Einsiedler. Der Lebensstil weckt Gedanken ans finstere Mittelalter oder an die entlegensten Orte des Planeten wie die Eiswüsten Sibiriens oder die Berggipfel des Himalayas. Mit modernen, westlichen Industrienationen wird der Einsiedler seltener in Verbindung gebracht. Was könnte heute noch ein Motiv sein, das Leben in Einsamkeit zu wählen?

Die Idee des Einsiedlers oder des Eremiten ist auch mit Spiritualität verbunden. Im Zusammenhang mit Religion bezeichnet das Wort Eremit jene Geistlichen, die sich vom Irdischen abwenden, um Gott in der Stille zu suchen. Je mehr der Mensch mit dem Diesseits verbunden sei, desto schwerer falle es dem Menschen, sich dem Transzendenten anzunähern. Wenngleich nicht immer aus geistlichen Motiven heraus, wählen heute noch Menschen diesen Lebensweg. Die spirituelle Idee kann umgekehrt und nicht nur etwa als die Hinwendung zu Gott, sondern als die absolute Hinwendung zum Ich verstanden werden. Beides umfasst eine radikale Reduktion der Lebensumstände auf lediglich Gott oder das Ich.

Was bringt einen Menschen dazu, diese Wahl zu treffen? Egal was den Einsiedler in sein selbst gewähltes Exil treibt, kaum einer versteht die Stille und

3 Zuwendung und Verfehlung des Ich

Selbstaufmerksamkeit wie er. Jeden Tag und jede Nacht ist er intensiver Selbsterfahrung ausgesetzt. Spricht er mit sich selbst? Redet er überhaupt? Das Schweigen ist ein Mantel, in den er sich hüllt, wo er auch ist. Er spendet keine Wärme, dafür Ruhe. Vielleicht vergisst er mehr und mehr Kleinigkeiten: Adressen, Telefonnummern, Geburtstage, den eigenen mit eingeschlossen, Namen von Bekannten, Freunden und Familie. Was bedeutet überhaupt der eigene Name, wenn niemand außer dem Einsiedler da ist?

In Deutschland gibt es Künstler, Kolumnisten, Lektoren und der Natur eng Verbundene, die entschieden haben, ihr Leben in dieser Form zu verbringen. Sie teilen wahrscheinlich noch Korrespondenz mit der Außenwelt oder sind gezwungen, die Einsiedelei in Teilzeit zu gestalten. Das mindert nicht die Tragweite des Entschlusses. Der verbleibende, geschmälerte Kontakt zur Gesellschaft überzeugt sogar noch mehr von der Hingabe zum Alleinsein. Die Einsiedler in Teilzeit sind nicht etwa weltfremd oder ausgestoßen. Sie haben die Wahl zwischen der Gesellschaft und dem Rückzug. Wer die Verlockung der Gesellschaft kennt oder aus der Ferne betrachtet und sich immer noch abwendet, um für sich zu sein, handelt aus Überzeugung.

Diese Einsiedler haben die Wahl sowie das Wissen um ihre Optionen und entscheiden sich für die Einsamkeit. Sie widerlegen das Bild des Hinterwäldlers oder Ahnungslosen, das manch einer von den Alleinlebenden solcher Art hat. Diese freiwilligen Eremiten seien in der Zeit zurückgeblieben oder ausgestoßen. Sofort würden sie ihren Platz in der Zivilisation wieder einnehmen, wenn sie nur könnten oder wüssten, was sie missen. Für in Gesellschaft

Verbleibende ist das eine angenehme Vorstellung, denn sie validiert den eigenen Lebensentwurf als a priori vorzuziehen. Erfahren sie von den Alleinlebenden, muss der Lebensentwurf infrage gestellt werden: Wieso lebt dieser Mensch allein? Für mich wäre das nichts, aber könnte ich? Wer geht schon ins Kloster, lebt in einer Blockhütte im Wald oder verbarrikadiert sich in seiner Wohnung? Meine Lebensart ist besser. Aber warum ziehen andere meine Lebensart nicht auch vor? Ist sie nicht die beste? Nein, diese Menschen sind anders.

Das Einsiedler-Dasein, sei es zeitweise oder für immer, ist nicht an eine Epoche oder Region gebunden. Es ist keine zeitgeistliche Strömung, nicht durch die Stellung der Religion in der Gesellschaft bedingt oder bloß eine Laune einiger Käuze. Es ist das Ausleben eines mächtigen Bedürfnisses nach Erfahrung des Ichs, das nicht abnormal, sondern menschlich ist. Die Gegenwart der anderen kann eine Ablenkung sein. Das muss nicht negativ verstanden werden. Sich einem anderen zu widmen, erfordert Kraft und Zeit, die auch sich selbst geopfert werden könnte. In Gesellschaft zu leben, ist eine Entscheidung, die eigenen Ressourcen und die Existenz mit anderen zu teilen. Sein Leben mit anderen zu bevölkern, geht zu Kosten der Selbstaufmerksamkeit. Sie zu vernachlässigen ist ein schwerer Fehler, zu dem starke Identifikation mit einer Gruppe und das Eintauchen in den Mahlstrom der Gesellschaft verführen. So wie die Einsiedelei eine Hingabe ist, ist das Untergehen in der Masse die Aufgabe des Ichs.

Wenn alle Stimmen verstummen, bleibt nur das Ich. Die Person, die der Einsiedler nur im Kontext anderer kannte, steht allein im Licht der Selbstaufmerksamkeit.

Verdrängte Erinnerungen, unterdrückte Gedanken und schmerzliche Gefühle werden schwerer zu ignorieren. Sein Exil ist eine Reise ins Selbst und nicht jeder kann akzeptieren, was er vorfindet.

Doch die Reise ins Selbst nicht zu wagen, ist Verrat. Es heißt, dass die eigenen Gefühle und Gedanken nicht anerkannt werden, dass sie weiter verschlossen werden sollen. Wer Einsamkeit und Selbstreflexion nicht erlaubt, stößt all das Ungewünschte von sich ab. Wenn wir nicht an diese beiden Zustände denken, ist es leichter zu glauben, sie seien kein Teil von uns. So kann die Bildung eines vollständig *kongruenten, gesunden Selbst* nicht gelingen. Ich kann nicht aussuchen, was ich fühle und ebenso wenig kann ich Gedanken abstoßen, die mir bereits gekommen sind. Gefühle sind angenehm oder unangenehm, aber sie sind immer ehrlich. Ich kann entscheiden, welches Gefühl meine Handlungen formen darf. Die Reifung eines Menschen und seines Charakters erfordert, dass wir uns entscheiden, wie viel Macht eine Emotion über unser Verhalten oder unsere Gedanken hat. Dafür müssen wir jede Emotion bewusst wahrnehmen und ihre Existenz zu schätzen wissen. Jedes Gefühl braucht Verständnis – von anderen und von uns.

Lebenskrisen sind Furcht einflößend. Sie drohen, uns in unseren Grundfesten zu erschüttern und zu zerreißen, sei es das Ende einer Ehe, das Scheitern in der Kindeserziehung, Depression oder der Tod eines geliebten Menschen. Fürchten und vermeiden wir, ans Scheitern zu denken, wird es uns zerfressen, und die Einsamkeit wird unerträglich.

> Deshalb – und das ist die tröstliche Botschaft, die im Werk Ulrich Beers steckt – müssen wir uns zum Scheitern sowie zur Krise bekennen. Wir sollten sie willkommen heißen. Wer Schwäche nicht anerkennen kann, versäumt die Chance, zu wachsen. Wenn wir scheitern, ist es leicht, unsere Erwartung anzupassen und in Zukunft nicht mehr zu hoffen. Schwerer ist es, an unserer Schwäche zu arbeiten und sie zu benutzen, um uns zu bessern.

Einsamkeit kann eine schreckliche Erfahrung sein, weil wir ihre Ehrlichkeit fürchten. Jeder verleugnete Wesenszug und jede unterdrückte Erinnerung rücken mit erschütternder Klarheit ins Bewusstsein. Zu leugnen und zu vergessen ist kurzfristig erleichternd. Langfristig können uns verdrängte Gedanken befallen, wie eine Krankheit sich im Körper festsetzen und ihn übernehmen kann. Schieb Trauer, Scham oder Schuld nicht beiseite, sondern umfasse sie. Sie sind ein Teil von dem, was uns ausmacht.

> Alleinsein heißt: Für sich sein, für sich denken, für sich fühlen und für sich sorgen.

Es ist die intensive Selbsterfahrung, die als ein Dienst an sich selbst zu verstehen ist. Mit der Aufmerksamkeit auf die Umwelt gerät schnell in Vergessenheit, was es heißt, sich zu erleben und sich zu erlauben, auf sich fokussiert zu sein. All das hat einen Zweck, die Selbsterhaltung und Selbstpflege. Sie führen zur Produktion einer kreativen Idee, zum Genuss der Stille oder zur Erforschung der eigenen Gedanken und Gefühle.

Für sich zu sein, ist wörtlich zu verstehen. Alleinsein ist inhärent egoistisch. Das ist Sinn und Zweck der Daseinsform. Das widerspricht Idealen der Fürsorglichkeit, des Altruismus oder Aufopferung. Ein guter Mensch, kann sich selbst versorgen. Ein noch besserer Mensch kann sich und andere versorgen. Wer die Fähigkeit hat, sich um andere zu kümmern, ist in der Verantwortung, das zu tun. Das sind grundlegende moralische Richtlinien unseres Zusammenlebens. Keine dieser Weisheiten diktiert aber Selbstvernachlässigung. Ich kann meinen Nächsten nur solange pflegen wie ich es vermag. Sollte ich an der Last zerbrechen, ist keinem geholfen. Daher halte ich Selbstfürsorge, welche noch eine milde Form des Egoismus ist, für eine unterschätzte Tugend. Im Alleinsein kommen wir dieser Tugend nach. In der Stille und unter Ausschluss aller Belastung von außen sind wir in der Lage, in uns zu horchen. Nicht für andere da zu sein, sondern für sich da zu sein.

3.3 Wege nach Innen

» *Ulrich Beer*

In den fünfziger Jahren dieses Jahrhunderts wurde zunächst in den USA und dann auch in Deutschland ein Buch zum Bestseller, das den paradoxen Titel trug: „The lonely crowd" (Die einsame Masse) (Riesman 1953). Der Verfasser, David Riesman, stellt darin drei Erlebnisweisen einander gegenüber, die drei Menschentypen entsprechen: den traditionsgeleiteten, den innen- und den außengeleiteten Menschen. Heute herrsche mehr und mehr der außengeleitete, durch Konsum und Medien bestimmte Typ vor, der immer weniger den Weg nach innen finde, je mehr er von außen bestimmt werde. Und dabei sei diese von außen geleitete Masse im Grunde ein Kollektiv von lauter Einsamen. Hier hat die Außenleitung und -abhängigkeit zur Vereinsamung geführt, ohne dass dadurch der Weg nach innen gefunden wurde. Vielmehr ist die Vereinsamung eine Folge der Flucht.

Auch der Psychoanalytiker Fritz Riemann („Grundformen der Angst") kommt zu dem Ergebnis:

> Je weniger wir die Einsamkeit kennengelernt haben, desto mehr sind wir immer darauf eingestellt, sie zu fliehen und etwas oder jemanden außerhalb von uns zu finden, der uns aus ihr befreit; und so lassen wir es gar nicht dazu kommen, einmal die Segnungen der Einsamkeit an uns zu erleben (Riemann 1985).

An anderer Stelle erwähnt er dann einige dieser Segnungen:

> Das Leben und die Welt sind so reich und voller Wunder, die nur darauf warten, entdeckt zu werden; und der Mensch ist so reich und vielschichtig angelegt, dass jeder jemanden oder etwas finden kann, dem er sein Herz und sein Interesse zuwenden kann – sei es in Form der tätigen Liebe oder in der eines forschenden Sich-Versenkens, sei es im schöpferischem Gestalten oder im Erfüllen einer Aufgabe (Riemann 1985).

Hierin klingt allerdings schon eine widersprüchliche Spannung an. Einmal ist von Sich-Versenken, dann aber auch von tätiger Liebe und Aufgabenerfüllung die Rede. Das eine weist den Weg ganz nach innen, das andere über das eigene Ich hinaus.

Zunächst heißt es, den Weg nach innen zu gehen in das tiefere, umfassendere Selbst. Das Selbst – so tiefenpsychologische Erfahrung – weist über das Ich in seiner punktuellen Begrenztheit der Enge des Bewusstseins und der Interessen weit hinaus. Es umfasst unser ganzes Wesen, auch die noch nicht erkannten und erfüllten Möglichkeiten. Deshalb ist in vielen Zusammensetzungen von „Wegen zum Selbst" die Rede: von Selbsterkenntnis und Selbstfindung, von Selbstverwirklichung und Selbstgestaltung, aber natürlich auch von Selbstbegrenzung und Selbstkritik sowie umgekehrt von Selbststeigerung und Selbsterhöhung – vielfältige Formen der Erfahrung und Begegnung. Dazu kommen noch Selbstbehauptung und Selbstdurchsetzung, Selbstmanagement und Selbsterweiterung sowie die polaren Kräfte Selbstliebe und Selbstzerstörung. Zwischen diesen beiden Polen scheint sich das ganze unerschöpfliche Thema des Selbst mit seinen unzähligen Facetten bis hin zur Selbstbespiegelung in einem geradezu labyrinthischen Spiegelkabinett auszuspannen. Dabei halten sich Gefahren und Chancen die Waage.

Die Gefahr besteht in einer einseitigen Ausrichtung auf ein Selbst, das als isoliertes Gegengewicht gegen die Außenwelt und vor allem gegen das Du verstanden und kultiviert wird. So ist im Zusammenhang mit den aktuellen Gedanken über Emanzipation das immer neue, geradezu einhämmernde Beharren auf der

Selbstverwirklichung oft als ideologische und wohlklingende Formel für eine neue Variante des Egotrips durchschaubar. Wer immer nur sich sucht, wird sich mit Sicherheit nicht finden. Wer dagegen in sein Selbst einsteigt, wer sich meditativ nach innen versenkt, wer auch den Mut zur Einsamkeitserfahrung hat, kann in der Tiefe seines Selbst Erfahrungen machen, die über das eigene Ich hinausreichen und die die Unterscheidung von Ich und Selbst rechtfertigen: Erfahrungen der Grenzüberschreitung, der Eröffnung zum Du, zu Natur und Geist, zu kosmischer Einheit und göttlichem Sinn.

Dieses Selbst – diesseits und jenseits von Gott – erwartet uns mit vielfarbigen Offenbarungen, von denen sich gleichwohl nur in Andeutungen reden lässt. Sicher ist einzig dies: Die Einsamkeit ist die Durchgangspforte zu den inneren Welten in ihrer Vielfalt. Rilke sagt es so im zweiten Teil des Stundenbuches.

> Wer jetzt nicht seine Augen schließen kann,
> gewiss, dass eine Fülle von Gesichten
> in ihm nur wartet, bis die Nacht begann,
> um sich in seinem Dunkel aufzurichten –
> der ist vergangen wie ein alter Mann.
> Dem kommt nichts mehr, dem stößt kein Tag mehr zu
> und alles lügt ihn an, was ihm geschieht –
> auch du, mein Gott. Und wie ein Stein bist du,
> welcher ihn täglich in die Tiefe zieht (Rilke 1946).

Das heißt allerdings, dass auch der Einsame noch erlebnisfähig, aufgeschlossen, jugendlich sein muss und nicht verbittert und erstarrt, wie es der Verlassene allzu oft wird.

3 Zuwendung und Verfehlung des Ich

Der lebendig Einsame bleibt gefühlsbereit, ja öffnet sich seinen Gefühlen umso sensibler und nuancierter. Er kann in ihnen weilen, lernt sie kennen, muss sie nicht produzieren, sondern lässt sie in sich aufsteigen und sich von ihnen erfüllen.

Dann stellt sich heraus, dass diese Gefühle ihn eben nicht isolieren, sondern ihn öffnen und damit – auch bei der inneren Öffnung – voller Dialog, Erweiterung und Begegnung sind. Was sie allerdings nicht vertragen, ist Lärm, ist lauter Betrieb und sinnloser Aufwand. Auch dies will Rilke – diesmal im ersten Teil des Stundenbuches – sagen:

> Wer seines Lebens viele Widersinne
> versöhnt und dankbar in ein Sinnbild fasst, der drängt
> die Lärmenden aus dem Palast,
> wird anders festlich, und du bist der Gast,
> den er an sanften Abenden empfängt.
> Du bist der zweite seiner Einsamkeit,
> die ruhige Mitte seinen Monologen;
> und jeder Kreis, um dich gezogen,
> spannt ihm den Zirkel aus der Zeit (Rilke 1946).

Hier ist es der Gast, der andere, und wohl Gott selbst, der den Kreis um ihn zieht, ihn aus der Zeit aus-, aber in eine neue Gemeinsamkeit eingrenzt.

Voraussetzung dafür ist aber, dass man „die Lärmenden aus dem Palast" ausschließt und sich ganz dem auserwählten Gast zuwendet. Weniger ist mehr, und an die Stelle der Extensität tritt die Intensität – das ist auch die Meinung aller, die in den letzten zweihundert Jahren über

Einsamkeit geschrieben haben, so etwa Johann Georg Zimmermann in einem mehrbändigen Werk aus dem Jahre 1784:

> Jede Stunde von ruhiger Sammlung des Gemüts und ernsthafter Einkehr in sich selbst gibt unserem Geist mehr Festigkeit und Stärke, mehr Widerwillen gegen übermäßige Verwicklungen mit Menschen. Man kann gut gesinnt sein gegen alle Menschen, gerne jedem beistehen in seiner Not, gerne jedem Gutes tun, wo man es in seinem Vermögen hat, und doch ihre Feste und Gelage fliehen, und doch keine Freude haben an ihrem flatterhaften Leben.

Oder aus den letzten 60 Jahren in dem schon erwähnten Buch von David Riesman „Die einsame Masse":

> Wenn die außengeleiteten Menschen entdecken würden, dass sie ihre Einsamkeit mit dem Untertauchen in der Masse der Zeitgenossen in Wirklichkeit ebenso wenig mildern können, wie man seinen Durst mit Meerwasser stillen kann, dann steht zu erwarten, dass sie auch ihren eigenen Gefühlen und Ansprüchen mehr Beachtung schenken (Zimmermann 1785).

In der Tat ist auf die Nachkriegsphase des Aktionismus und einer ruhelosen Betriebsamkeit mit dem Ziel, durch mehr Konsum und Amüsement das Leben erfüllter zu machen, inzwischen längst eine neue Phase der Innerlichkeit, auch einer neuen Religiosität und des Gefühls für natürliche ökologische und kosmische Zusammenhänge getreten. Viele propagieren sogar die „Wendezeit" von Fritjof Capra (Capra 1989) oder New Age, das neue Zeitalter,

3 Zuwendung und Verfehlung des Ich

das des Wassermanns, das die Vergeistigung und die Verinnerlichung bringen soll. Der Wassermann ist allerdings auch ein Symbol und sozusagen die Inkarnation der Einsamkeit am tiefen Meeresgrund, während das Leben, das äußerliche Geschehen, sich auf der Oberfläche abspielt.

Dieser Weg nach innen ist schon wieder in der Gefahr, zur Selbstverkrümmung und Selbstverkapselung zu führen. Er wird dadurch nicht falsch, und sein Grundanliegen bleibt berechtigt – so wie auch die neue Entdeckung der Selbstliebe als ethisches Prinzip neben und innerhalb der Nächstenliebe berechtigt bleibt.

Das heikle Verhältnis zwischen Selbstliebe und Nächstenliebe ist besonders gut geeignet, auch die innere Verbindung von Einsamkeit und Gemeinsamkeit zu verdeutlichen.

Eindeutig lautet das Gebot Jesu: „Du sollst deinen Nächsten lieben wie dich selbst." Der letzte Teil dieses Satzes hat Generationen von Theologen in Verlegenheit gebracht. Sie haben diesen der Selbstliebe gewidmeten Teil in ihren Auslegungen einfach weggelassen. Nächstenliebe allein ist sehr viel schöner und edler. Mit ihr kann der Christ sich schmücken, kann das Christentum sich vor anderen Religionen auszeichnen. Aber so einseitig war sie offenbar nicht gemeint. Wie muss man dieses Gebot dann verstehen?

Der jüdische Religionsphilosoph Martin Buber hat einmal die Übersetzung vorgeschlagen: „Du sollst deinen Nächsten lieben, denn er ist wie du." Hier wird der Kontrast zwischen Ich und Du überbrückt, die Identifikation miteinander gefördert oder gar vorausgesetzt. Auch wenn er eine andere Sprache spricht, eine andere Hautfarbe trägt oder Sozialschicht verkörpert, ist er wie ich, ist er mein Bruder.

Aber auch noch eine andere Deutung dieses Gebotes ist möglich. Sie ergibt sich, wenn wir das kleine Wörtchen *wie* durch ein schlichtes *als* ersetzen: Liebe deinen Nächsten als dich selbst. Dies erspart uns peinliche Vergleiche und auch die Abwägung, welches den größten Wert habe, die Selbstliebe oder die Nächstenliebe. Komme erst ich und dann der andere, oder ist es umgekehrt? In diesem *als* wird die unaufhebbare Spannung zwischen Selbstliebe und Nächstenliebe angedeutet und zugleich gesagt, dass beide ineinander aufgehen:

> Indem ich mich selbst liebe – wenn es wirklich Liebe ist –, liebe ich auch den anderen. Und in dem Maße, wie ich den anderen liebe – wenn es wirklich Liebe ist –, liebe ich auch mich selbst und tue mir damit den besten Gefallen. Liebe ist Ich-stärkend und Du-annehmend zugleich.

Sie dient uns beiden, und indem ich mich selbst verwirkliche, öffne ich mich dem Du. Indem ich dem Du begegne, es liebend umfasse und erschließe, bereichere ich auch mein Selbst in all seinen Potenzen. Reine einseitige Nächstenliebe hat dagegen oft etwas Asthmatisches und allzu Ätherisches. Sie bedarf des vitalen Zustroms eines gesunden Egoismus und einer Selbstvertretung. Erst wenn dieser Egoismus einseitig, total und schrankenlos ist, wenn er vor allem dem andern nicht das gleiche Recht zubilligt, wird er antisozial und sogar gefährlich. Einseitiger Egoismus ist aber im Grunde keine Übersteigerung der Selbstliebe, sondern eine Kümmerform. Sie zeugt von der Angst, zu kurz zu kommen, und er sucht sich auf Kosten des anderen auszuweiten. Angst und Sucht sind aber nicht Überflusssymptome, sondern Kennzeichen defizitärer Zustände, nicht Stärke-, sondern Schwächebeweise [Ergänzung MG: *Angst und Sucht Überhand gewinnen zu lassen, ist gefährlich. Doch Angst ist ein zum Überleben notwendiges Gefühl und sollte nicht mit einer Schwäche gleichgesetzt werden. Die Kontrolle über die Angst zu verlieren, ist erst das Leiden. Auch Sucht ist ein solcher Kontrollverlust.*] So ist auch einseitige Selbstverwirklichung oder Selbsterfahrung noch nicht unbedingt eine Selbstbereicherung oder Erweiterung. Es verhält sich mit dem Selbst wie mit dem Glück oder dem Sinn, von dem Viktor Frankl sagt: „Der Sinn ist da, wenn ich nicht an ihn denke. In der Hingabe an eine Aufgabe fällt er mir in den Schoß. Sich selbst verwirklichen kann man nur, indem man sich vergisst."

Diese Selbstvergessenheit ist die wichtigste Dimension der Selbstfindung, ist der gelassene, offene, freie und doch erfüllte Raum, in den alle Wege nach innen schließlich führen.

3.4 Einsam im Kollektiv und frei allein

》 *Malte R. Güth*

David Riesmans Kollektiv der Einsamen ist für mich eine treffende Beschreibung der Entwicklung zeitgenössischer Lebensart: Bevölkerungsdichten steigen, Menschen werden enger zusammengedrängt, digitale Vernetzung befindet sich auf einem Höhepunkt, und es werden Verstärker gesetzt, sich dem globalen, außengeleiteten Trend anzuschließen. Wer sich vernetzt, bleibt im Kontakt, erfährt von sozialen oder kulturellen Ereignissen, Chancen für das Studium, die berufliche Karriere oder private Beziehungen. Doch ist die Welt der sozialen Medien so gewaltig, dass der einzelne nur ein kleines Rädchen im Getriebe ist. Das Bestehen des Getriebes hängt nicht vom Glück und Streben des Individuums ab, sondern davon, dass der einzelne weiter teilnimmt, indem er Kommentare setzt, ununterbrochen mehr von sich preisgibt, die Beiträge anderer verfolgt und bewertet. Der Inhalt ist irrelevant. Teilen und Verfolgen erhält die Maschine am Leben.

Allein das Teilen und Genießen der Verbundenheit in einer Gemeinschaft ist harmlos. Wenn aber jeder Klick, jeder Kommentar, jede Bewertung und jede Nachricht allein dem Wunsch geschuldet sind, weiter teilzunehmen und Aufmerksamkeit zu bekommen, fehlt die Konfrontation mit dem Selbst. Einen Moment inne zu halten, nicht zu teilen, nicht zu kommunizieren, fällt generationenübergreifend vielen Menschen schwer. Sie sind verwoben in der Masse und haben ihre Identität an sie gebunden. Wenn die Verbindung zum Kollektiv abreißt und die Beschäftigung mit dem Ich nie stattgefunden hat, bleibt nur die Leere. Aus Angst vor ihr greifen wir zu Fluchtmitteln. Alles, was Ablenkung spendet, ist recht. Der Versuch, um jeden Preis in Bewegung und Kontakt zu bleiben, ist eine Flucht, die die Einsamkeit des außengeleiteten Menschen erst ermöglicht.

Die Masse bietet uns einen bequemen Unterschlupf. In ihr fühlen wir uns als Teil eines großen Ganzen. Daher verschwimmen individuelle Züge und Eigenschaften in einer Gruppenzugehörigkeit. Ich definiere mich durch die Ideen, die ich mit Freunden und Bekannten teile, durch das, was wir mögen, was wir hassen und durch das, was uns von anderen Gruppen unterscheidet (Tajfel und Turner 1986). Sobald wir uns in der Gruppe bewegen, ist der eigene Beitrag zu unserer Weltanschauung und zu unseren Handlungen schwer von dem zu trennen, was wir aus der Gruppe übernommen haben. Bestimmte Vorstellungen sind in der Gruppe hoch angesehen und werden mit Lob verstärkt. Dadurch gleichen sich Mitglieder in ihren Äußerungen und Verhaltensweisen innerhalb einer Gruppe an. Sie werden zum Ideal für alle, ein Prozess, der politische Radikalisierung ermöglicht (Janis 1982).

Alle mit einer Stimme

Werden Hassparolen im Chor von allen Mitgliedern einer Partei wiederholt, schrumpft die Meinungsvielfalt, die Toleranz der Gruppe für Abweichler und die Salienz, die Erkennbarkeit der individuellen Identität. Je homogener die Meinungen (z. B. zu Immigrationspolitik), desto enger wird der Horizont. Es gibt keinen Zufluss neuer Argumente oder Meinungen. Die Parteimitglieder finden ihre Ansichten in der Gruppe wiederholt bestätigt und treffen selten auf neue Perspektiven. Entsprechend abnormal ist jemand, der sich gegen die Direktive der Gruppe stellt. Es entsteht eine begrenzte Zahl überhaupt diskutierbarer Argumente. Alles Neue ist abwegig und erscheint zu fern der Grundlage etablierter Meinungen, auf die man sich geeinigt hat (z. B. das Land ist zu stark belastet, es dürfen keine Immigranten mehr kommen und Immigranten nehmen

Arbeitsplätze weg). Es entsteht ein Meinungsstandard, unter dem wir alle leiden. Wir alle suchen unsere Nachrichten aus ausgewählten Quellen und tauschen sie mit einem Freundes- und Bekanntenkreis. Egal ob wir politisch eher rechts oder eher links sind, wir sind bestimmte Meinungen und Argumente gewohnt. Daher haben wir eine feste Erwartung, was normal und was etabliert ist. Ist unser Umfeld wie in einer extremistischen Partei politisch zu eintönig, gewöhnen wir uns an eine politische Realität und lernen zu wenig über fremde Ansichten. So gehen neue Perspektiven im gemeinsamen Streben unter.

Ein anderes Beispiel für einen Verlust des Individuums in der Gruppe ist der sogenannte „Bystander effect". Er bezeichnet das Ausbleiben von Hilfeverhalten in einer Notsituation, wenn sich Menschen in einer großen Gruppe befinden (Darley und Latane 1968).

Diffuser Hilferuf

Wenn wir uns in einer Menschenmenge bewegen und ein Notleidender auftaucht, ist der Appell dieses Notleidenden unspezifisch. Er spricht keine Person aus der Masse direkt an. Wären wir in diesem Moment allein mit dem Notleidenden, gäbe es keinen Zweifel, dass nur wir helfen können. Wir würden uns schlecht fühlen, würden wir keine Hilfe leisten. In der Menschenmenge aber liegt die Verantwortung kollektiv auf allen, was die Hilfereaktion verlangsamt. Niemand allein spürt die Verantwortung auf seinen Schultern und erwartet, dass ein anderer aus der Gruppe einschreitet. Solche Gruppenphänomene gibt es reichlich. So ergibt es sich, dass wir in der Masse weniger durch *individuelle, innengeleitete* Einflüsse handeln, sondern durch *externe, außengeleitete*.

Es gibt natürlich Vorteile, sich als Teil eines Kollektivs zu fühlen. Der Strom der Masse ist in ständiger Bewegung. Der Austausch von Ideen und Eindrücken ist ein sich endlos wandelnder Körper, in den das Individuum als Glied eingeht wie in Thomas Hobbes Leviathan. Aus der Summe aller Menschen wächst etwas Größeres. Ständiger Wandel ist aber mit Kurzlebigkeit verbunden. Jeder Eindruck und sogar manche Beziehung hält nur kurz, bis sich das Individuum im Strom fortbewegt. Allein könnte es innehalten.

Eine Entwicklung hin zum außengeleiteten Menschen ist in unserer Umwelt, die zu jeder Zeit Reaktivität vom Individuum fordert, sogar praktisch. Wer sich in so vielen Kreisen wie möglich bewegt, an keinen festen Standort oder eine Beziehung gebunden ist, bleibt flexibel. Was er nicht kann, ist stehen bleiben. Er befindet sich auf ständiger Flucht vor dem Stillstand. Die Reaktivität ist nicht nur beruflich gefordert. Mit der digitalen Revolution ist ein jeder in der Lage, zum gläsernen Menschen zu werden. Was um uns und in uns geschieht, kann für jedermann online ersichtlich werden, wenn wir nur bereit sind, die Informationen zu teilen. Entsprechend sind die Erwartungen, dass wir konstant unser Leben aktualisieren, gestiegen. Wer sich verweigert, wird nicht unbedingt gestraft. Verweigerung ist allerdings auffällig. Oft ist vollständige Inaktivität sogar eigenartiger als Aktivität.

Damit sollen soziale Medien nicht an den Pranger gestellt sein. Das wäre heuchlerisch von mir. Ich nutze sie selbst und glaube an ihre Vorzüge wie den weltweiten Wissens- und Meinungsaustausch. Was aber deutlich wird, ist, dass die Nutzer sozialer Medien andere durch die Forderung nach Reaktivität in die endlose Bewegung der

Masse zwingen. Solange andere Menschen Aufmerksamkeit und Zeit von uns fordern, ist Einkehr schwer zu erreichen. Rückzug und Meditation fordern von uns, Bekannte, Freunde und Geliebte auszuschließen, sie nicht zu vergessen, aber sich zeitweise von ihnen abzuwenden.

Meditation macht bewusst, was lange im Verborgenen blieb. Würde uns jemand fragen, ob wir merken, was in unserem Körper vor sich geht und was wir fühlen, wäre die Antwort intuitiv ein klares ja. Wer, wenn nicht ich selbst, weiß, was ich fühle? Tatsächlich entgeht uns eine Menge. Willentliche und unwillentliche Aufmerksamkeitslenkung sind dafür verantwortlich, dass wir für feine Veränderungen unseres Gemütszustandes wie Aufregung, Ermüdung, Schmerz oder andere körperliche Prozesse blind werden. Dafür bedarf es nicht viel.

Wie schon in vorigen Kapiteln angesprochen, ist, was wir wahrnehmen und empfinden, leicht durch Gedanken zu manipulieren. Wenn unser Informationsverarbeitungsapparat regelmäßig durch Reizüberflutung beansprucht wird, büßen wir Achtsamkeit für die eigenen Empfindungen ein. Chronischer Stress lässt unsere Gedanken rasen, so schnell, dass uns entgeht, wie schwer die Belastung unseres Körpers ausfällt und wie dringend das Bedürfnis nach Entschleunigung ist.

Meditation lehrt Achtsamkeit. Sie offenbart, was sonst dem Stress oder anderen psychischen Blockaden geschuldet ignoriert wird. Sich in sich zu kehren und zu horchen, ist ein wichtiges Mittel, Abstand von allem zu nehmen, was Aufmerksamkeit bindet und an uns zehrt. Noch besser gelingt dies, je größer die gefühlte Distanz zum täglichen Leben ist. Das Exil ist ein Mittel, die Meditation effektiver zu gestalten. So waren große Künstler erfolgreich. Sie entfernten alles Bekannte und Gewohnte zeitweise aus ihrem Leben. Sie öffneten sich neuen Eindrücken und Gedanken, die sie in der Stille fanden.

Allein auf dem Pilgerpfad findet sich nichts Vertrautes. Nichts erinnert an Verpflichtung oder Schuld. Nichts bindet uns. Die Gedanken und Assoziationen können in alle Richtungen streuen. Starre Denkmuster werden gelöst. Wir können den Blickwinkel wechseln, von dem wir sonst nicht loskommen und der uns davon abhält, eine neue Perspektive auf Probleme einzunehmen. Kreativität öffnet den Verstand. Wir erlauben dem geistigen Auge nach innen zu wandern. Was außen ist wird bedeutungslos. Fern von allem sind wir frei.

Zeitweises Exil und Meditation mögen eine Herausforderung sein. Es handelt sich jedoch um eine, die gewagt werden sollte. Ohne Kloster, ohne fernes Gebirge und ohne Pilgerfahrt kann sie angenommen werden. Was es braucht, ist die Überwindung, alles auszuschließen und für sich zu sein.

Einsamkeit ist ehrlich

Vor der Einsamkeit zu fliehen, bedeutet, sich selbst nicht zu ertragen. Es ist leicht, sich im Strom der Masse zu verlieren und zu verdrängen, was in uns geschieht. Hier liegt der Verrat am Selbst. Wir berauben uns der Möglichkeit, zu wachsen und zu rasten, wenn wir nie allein sein können. Wir schulden es uns selbst, zeitweise die Welt auszusperren und für uns zu sein. Erst dann merken wir, was die ganze Zeit ignoriert wurde. Tun wir das nicht, wird sich die Last des Verdrängten aufbauen und über uns hereinbrechen.

> Die Angst vor dem, was wir sonst vermeiden und vor der Ehrlichkeit unserer Emotionen ist verständlich. Schlimmer aber als sich dieser Ehrlichkeit zu stellen, ist das Ungewünschte und Bedrückende ewig zu umgehen. Wir können nicht aussuchen, was wir empfinden und brauchen die Abgeschiedenheit, um damit fertig zu werden.

Literatur

Capra, F. (1989). *Wendezeit. Bausteine für ein neues Weltbild.* München: Droemer Knaur.

Darley, J. M., & Latane, B. (1968). Bystander intervention in emergencies: Diffusion of responsibility. *Journal of personality and social psychology, 8*(4), 377.

Goethe, J. W. von. (1970). *Wilhelm Meisters Lehrjahre.* Berlin: Aufbau-Verlag.

Janis, I. L. (1982). *Groupthink: Psychological studies of policy decisions and fiascoes* (2. Aufl., S. 349). Boston: Houghton Mifflin.

Krantzler, M. (1981). *Kreative Scheidung – Wege aus dem Scheidungsschock.* Reinbek: Rowohlt Taschenbuch.

Riemann, F. (1985). *Grundformen der Angst. Eine tiefenpsychologische Studie.* München: Ernst Reinhardt.

Riesman, D. (1953). *The Lonely Crowd; A Study of the Changing American Character.* New Haven: New Haven Yale University Press.

Rilke, R. M. (1946). *Das Stunden-Buch.* Stuttgart: Insel.

Rousseau, J.-J. (1943). *Träumereien eines einsamen Spaziergängers.* Basel: Verlag Benno Schwabe.

Schreiber, H. (1978). *Singles Allein leben. Besser als zu zweit?* München: Bertelsmann.

Strauß, B. (1977). *Die Widmung. Eine Erzählung.* München: Hanser.

Tajfel, H., & Turner, J. C. (1986). The Social Identity Theory of Intergroup Behavior. *Psychology of Intergroup Relations, 5,* 7–24.

Zimmermann, J. G. (1785–1790). *Über die Einsamkeit.* Karlsruhe: Schmieder.

4

Klausur und Kloster auf Zeit

Zusammenfassung Um weitere Potenziale der Einsamkeit aufzuzeigen, beschreibt dieses Kapitel Einsamkeit als Fülle der Möglichkeiten. Sie ist kein Gefängnis und nicht absolut. Sie ist eine Ressource und zeitweiliger Rückzug von all dem, was die Gedanken blockiert. So befremdend der Gedanke scheinen mag, so soll dieses Kapitel zeigen, wie die Versenkung in Einsamkeit im Alltag gelingen kann. Zuletzt wird das Verhältnis von Rückzug, Wahn, Erkenntnis und Schöpfung wird diskutiert. Wie berühmte Künstler der Geschichte von ihrem Exil profitierten, beweist, dass wir Gestaltungskraft gewinnen können.

4.1 Klausur als Chance

》 *Ulrich Beer*

Einsamkeit hat zwei Gesichter. Für den, der auf sie nicht vorbereitet ist und sie nicht will, kann sie das furchtbare Antlitz aller Schrecken und Ängste haben, kann voller Verzweiflung und gähnender Leere sein. Für den, der sie bejaht, kann sie ein einladendes, lächelndes Gesicht tragen, voller Schönheiten, Tiefe und Glanz.

Wie fast alle Dinge im Leben wechselt sie ihre Gesichter nach der Maßgabe unserer eigenen Entscheidungs- und Wertsetzung: Es kommt darauf an, wie wir uns zu ihr einstellen und was wir aus ihr machen. Ihre Gefahren heißen Verlassenheit, Leere, Öde und Wüste; ihre Chancen Besinnung, Vertiefung und Innerlichkeit. Im einen Fall sind wir eingesperrt in das Gefängnis unserer Isolation, im anderen Fall wählen wir die königliche Freiheit einer Klausur. Durch eine kleine Änderung, sozusagen das Durchstreichen des Minus vor der Klammer, die uns von der Außenwelt abschirmt, ändern wir alles oder doch das Entscheidende und schaffen die Voraussetzung unserer Freiheit. Mit Recht schreibt Arthur Schopenhauer:

> Ganz er selbst sein darf jeder nur, solange er allein ist; wer also nicht die Einsamkeit liebt, der liebt auch nicht die Freiheit: Denn nur wenn man allein ist, ist man frei (Schopenhauer und Löhneysen 1976).

4 Klausur und Kloster auf Zeit

Aber nicht erst der skeptische Philosoph des 19. Jahrhunderts bewertet – womöglich aus Resignation – die Einsamkeit so hoch. Schon am Beginn der Neuzeit widmet ihr der italienische Dichter Francesco Petrarca das Buch „De vita solitaria" und lobt darin die Einsamkeit der Seele:

> Sage mir bei Gott, welches Glück kann größer sein als die Einsamkeit, vor allem zur Zeit der Nacht, zur Zeit der Stille, der Ruhe und der Freiheit? (Petrarca und Wetz 2004).

Für Denker und Dichter ist Einsamkeit so selbstverständlich wie die Atemluft. Keiner jedoch hat sie in diesem Jahrhundert mehr zum Thema gemacht als Rainer Maria Rilke. Er selbst hat sie gesucht und auch, wo er sie nicht suchte, in allen Beziehungen bewahrt. Er hat sie bewusst vertreten:

> Was not tut, ist auch nur dieses: Einsamkeit, große innere Einsamkeit, In-sich-Gehen und stundenlang niemandem begegnen – das muss man erreichen können (Rilke 1955).

So schrieb er in seinen berühmten „Briefen an einen jungen Dichter", den Österreicher Franz Xaver Kappus, der allzu sehr unter seiner Einsamkeit litt.

> Was vielleicht einmal vielen möglich sein wird, kann der Einsame jetzt schon vorbereiten und bauen mit seinen Händen, die weniger irren. Darum, lieber Herr, lieben Sie Ihre Einsamkeit und tragen Sie Ihren Schmerz, den sie Ihnen verursacht, mit schönklingender Klage (Rilke 1955).

Dann zitiert er den dänischen Dichter Hans Larson:

> Wenn du Leere fühlst, ja was sollst du dann tun? Gesellschaft und Zerstreuung sind nur scheinbare Hilfen. Du musst in dich gehen, du musst dich sammeln, allein sein. Du musst deine Leere um dich fühlen wie einen leeren Raum, wie ein Gewölbe (Rilke 1955).

Er hat sie in verschiedenen Büchern besungen, nicht nur im „Malte Laurids Brigge", sondern vor allem auch im „Buch der Bilder", im „Buch vom mönchischen Leben" und in den „Gaben an einige Freunde".

> Du meine heilige Einsamkeit,
> du bist so reich und rein und weit
> wie ein erwachender Garten.
> Meine heilige Einsamkeit du –
> Halte die goldenen Türen zu,
> vor denen die Wünsche warten (Rilke 1955).

Ihm war die Einsamkeit der mystische Weg nach innen, zugleich aber auch die Offenbarung jenes Himmels, den er als „Weltinnenraum" entdeckte und der ebenso sehr eine immanente wie eine transzendente Dimension besaß. Zugleich war ihm auch die Einsamkeit mitten in einer engen, ja intimen Beziehung wohl vertraut.

> Die Einsamkeit ist wie ein Regen.
> Sie steigt vom Meer den Abenden entgegen;
> von Ebenen, die fern sind und entlegen,
> geht sie zum Himmel, der sie immer hat.
> Und erst vom Himmel fällt sie auf die Stadt.

> Regnet hernieder in den Zwitterstunden,
> wenn sich nach Morgen wenden alle Gassen;
> und wenn die Leiber, welche nichts gefunden,
> enttäuscht und traurig voneinander lassen;
> und wenn die Menschen, die einander hassen,
> in einem Bett zusammen schlafen müssen:
> Dann geht die Einsamkeit mit den Flüssen… (Rilke 1955).

Er entrinnt ihr nicht, sie entlässt ihn nicht: Der Dichter hütet seine Einsamkeit wie einen Schatz. Woran andere verzweifeln, auch wenn sie vor Verzweiflung auf die Zentrifugen der kollektiven Zerstreuung steigen, gelingt es dem Dichter, der heiß laufenden Rotation mit ihrer Fliehkraft nach außen zu entkommen und gleichsam in Gegenrichtung sich nach innen zu zentrieren – in Paraphrase seiner eigenen „wachsenden Ringe" könnte er – wie ich – sagen:

> Ich lebe mein Leben in kleineren Ringen,
> die sich von außen zur Mitte ziehn.
> Ich werde vielleicht in den Punkt nicht dringen,
> aber setzen will ich ihn (Rilke 1955).

> Der Punkt ist der Ruhepunkt gelungener Klausur, Stillstand gleichsam im Auge des Taifuns, an dem sich nichts und um den sich alles bewegt.

Der Mensch, der in die Klausur geht, lässt den Lärm hinter sich, legt Abstände zwischen sich und die Welt. Der Einsiedler ist keineswegs nur eine Erscheinung früherer Jahrhunderte, etwa als Dürer seinen „Hieronymus im Gehäus" beim Studium der Heiligen Schriften festhielt. Einsamkeit ist auch heute eine begehrte und bewährte Form der Konzentration nach innen. Noch gibt es Räume und Wälder, in die kein Lärm dringt, Leere und Himmel, die ihn aufnehmen und wo er sich selbst überlassen ist. Aber auch die stille Klausur – das Wort kommt ja von der Klause, der Abgeschlossenheit – des einsamen Studierzimmers gestattet den Weg nach innen ohne den Umweg über die Außenwelt. An die Stelle der Unendlichkeit des äußeren Raumes tritt die Unbegrenztheit des Inneren als Reflex jener geistigen All-Einheit, die eben nur in der Alleinheit möglich ist.

Allerdings verlangt dieser Einstieg Opfer, die sich jedoch alsbald als Gewinn herausstellen, so der Verzicht auf optische oder akustische Kulissen, auf die Vielfalt von Kontakten, auf den Wechsel der Veränderungen. Wir verlassen die eine Landschaft, die vertraute und doch abgenutzte Umwelt, und treten in eine neue Welt, die Innenwelt, ein. Wir schließen die Augen, um den geistigen Blick nach innen zu wenden; wir befreien die Ohren von der Diktatur des Lärms, um sie für die Melodie von Sphären zu öffnen, die in uns aufklingen und von denen wir sonst nichts vernehmen würden. Vielleicht erfahren wir bei diesem Anlass auch, wie wenig wir gewohnt sind, uns zu konzentrieren, also um ein Zentrum zu sammeln, wie sehr wir statt dessen zu zentrifugieren, also unsere Energien herumzuschleudern, unsere Sinne nach möglichst vielen Seiten offenzuhalten, aber nichts Eigenes zu begreifen, festzuhalten oder gar zu gestalten vermögen. Elisabeth Lukas, die maßgebende Schülerin des Begründers der Logotherapie, Viktor Frankl, rät in ihrem Bändchen „Sinnbilder":

Wage den Gang in die Wüste,
wage die Einsamkeit!
Wage das unentrinnbare
Alleinsein mit dir selbst!
Nur wo nichts mehr da ist,
kommt das Dasein zum Vorschein (Lukas und Wiesmeyr 1995).

4.2 Exil und Meditation

» *Malte R. Güth*

Die meisten würden zögern, konfrontierte man sie mit der Aussicht, vorübergehend ins Kloster zu gehen. Geistliche Einrichtungen der Besinnung werden mit weniger schnelllebigen, genügsameren Zeiten in Verbindung gebracht. Besinnung wird als unproduktiv gesehen. Das In-Sich-Kehren hat kein fassbares Endprodukt. Nach einer Stunde der stillen Meditation liegt kein korrigierter Bericht oder ein Maschinenbauteil vor. In einer Gesellschaft, in der zeitliche sowie kognitive Flexibilität, ein lückenloser Lebenslauf, ein schneller Studienabschluss, Praktika in namhaften Einrichtungen und frühe Auslandserfahrung verlangt werden, erscheint das Kloster überholt.

Allerdings gibt es ein wachsendes Bedürfnis nach Entschleunigung und eine Nostalgie für einfachere Zeiten. Die Sehnsucht nach einem naturnahen Leben und nach Abkehr vom sich ständig im Wandel befindlichen

Großstadtkomplex gewinnt eine kleine, aber größer werdende Anhängerschaft. Es herrscht eine nostalgische Wiederentdeckung des Landlebens. Städter fliehen für geraume Zeit aus ihrem Alltag auf der Suche nach ländlicher Idylle. Sie staunen über das Vieh auf der Wiese und den Duft nach Heu. Wie authentisch das alles ist!

Das Kloster bietet kein Erholungsparadies oder eine Nachbildung einfacherer Zeiten. Was es bietet, ist die Mobilisierung von Potenzialen, die in unterschiedlicher Stärke in jedem stecken. Im täglichen Leben werden diese meist übertüncht. Auch wer nicht in der Großstadt oder überhaupt in der Stadt lebt, kennt das Gedankenrasen um die Pflichten im Familienleben und Beruf, den Streit mit Verwandten oder dem Vermieter, die Verantwortungen gegenüber Arbeitskollegen und Freunden. Der unbeirrbare Glaube, etwas Sinnvolles tun zu müssen, verfolgt einen selbst in der Entspannung. Selbst dann dreht und wendet man die ungelösten Probleme vor dem geistigen Auge. Einzugestehen, man könnte nicht abschalten, fällt niemandem leicht. So wie der volle Terminplan ein gesellschaftlich gern gesehenes Zeichen von Aktivität und Eingebundenheit ist, verdeutlicht die Möglichkeit zum entspannten Ausgleich, dass man trotzdem lebt und genießt. Wer zu allem in der Lage ist – Yoga nach dem Aufstehen, die Kinder zur Schule bringen, bis acht Uhr abends schuften und abschließend ins Fitnessstudio fahren –, der entspricht dem derzeitigen Menschenideal, eine Art meditierender Workaholic.

Doch meistert nicht jeder diesen Ausgleich, manche tragen ihn bloß als Fassade vor sich her. In Wirklichkeit ist auch der Freizeitausgleich eine Beschäftigung. Wie alle

Termine steht er auf der Liste zu erledigender Aufgaben. Aber was ist, wenn nichts um uns geschieht? Ich höre nicht nur auf, zu arbeiten, zu lesen oder zu planen. Ich schalte den Laptop, das Handy und den Fernseher aus. Ich tue nichts für meine körperliche Fitness, ich nehme mir keinen Roman, höre keine Musik, bin nicht im Internet, koche, wasche oder putze auch nicht. Was nun?

Bei den meisten tritt vermutlich bald Langeweile ein. Bei anderen Nervosität, weil sie sich so lange vom Austausch verabschiedet haben oder fürchten, Termine zu verpassen. Bei wieder anderen Schuld, weil sie unproduktiv dasitzen. Warum ist es schwer, nichts zu tun? Körper und Geist sind regungslos, der Zustand des geringsten Widerstandes. Dennoch ertragen ihn viele nicht. Fällt jeder Widerstand, jede Beschäftigung von außen weg, bliebt nur, sich dem Inneren zuzuwenden. Aber das wollen viele nicht ertragen. Sie erzählen gerne von sich, bleiben meist oberflächlich mit Hobbys und witzigen Anekdoten. Diese Belanglosigkeiten lenken davon ab, tiefer zu schürfen. Lieber wollen sie anderen ein Bild von sich entwerfen, wie sie selbst gesehen werden möchten. Das ist aber eine Täuschung und letztendlich eine Selbsttäuschung. Eine ruhige Stunde zu nehmen, in sich zu kehren und zuzulassen, was sonst unterdrückt wird, fällt überraschend schwer.

Ich halte es für ein schwerwiegendes Angstsymptom unserer Gesellschaft, in jeder freien Sekunde nach Beschäftigung zu suchen, auf der glatten Handyoberfläche unseres Notrufgeräts herum zu wischen, bis sich ein beliebiger Mensch meldet und uns vor der Aussicht auf ein paar Augenblicke stiller Selbstreflexion rettet. Warum ist es schwer, Zeit mit sich zu verbringen, statt mit anderen?

Ist das ein Zeichen nicht bewältigter Konflikte, von Schuld oder Scham? Vielleicht will sich der viel beschäftigte moderne Mensch nur nicht eingestehen, dass er trotz globaler Vernetzung allein auf der Welt ist. Vielleicht erscheint stille Meditation schlicht absurd oder esoterisch. Vielleicht ist es die Angst, nichts zu finden, wenn wir in uns horchen, oder noch schlimmer, etwas zu finden, was wir nicht in uns zu finden wünschen. Vielleicht ist auch nur die Angst, uns einzugestehen, wie ungenügend wir sind.

Was wir fühlen ist keine Lüge und kein widriger Einfluss. So sind wir. Das können wir in unseren einsamsten Momenten erleben und erforschen. Wer alle Gefühle in sich annehmen und erleben kann, ohne nach Ablenkung zu greifen, hat die Selbstakzeptanz erreicht.

Die Furcht vor dem, was bleibt, wenn alles schweigt, quält viele Menschen. Jean-Paul Sartre schrieb in seinem Essay „Der Existentialismus ist ein Humanismus" (Sartre et al. 2000), dass ein Mensch in Einsamkeit nicht existiere, da er den Spiegel der anderen brauche, um zu wissen, wer er sei. Zumindest sei eine Person in Einsamkeit von der in Gesellschaft zu unterscheiden. Ohne ein Gegenüber, gäbe es niemanden, der die Eigenschaften einer Person erkennen könne.

Sartre schreibt, der Mensch sei die Summe seiner Handlungen. In seiner philosophischen Schule, dem Existenzialismus, bedeutet das, dass es keine menschliche Natur gäbe. Der Mensch sei nicht von Geburt an jemand oder etwas, nicht bösartig, großmütig, gesellig, gierig, liebenswert oder abstoßend. Er werde erst etwas aufgrund seiner Handlungen. Was für eine Art Mensch aus uns werde, sei nicht etwa durch Gott oder Schicksal bestimmt. Unsere Taten würden entscheiden. Wie wir mit der Welt in Kontakt treten würden, sei allein unsere Verantwortung und forme unsere Identität. Hierin liegt ein ermutigender Gedanke des Existenzialismus:

> Wir haben die Wahl, der zu sein, der wir sein wollen. Der Mensch ist das, was er aus sich machen will.

Dass der Mensch nicht von Geburt an, sondern erst durch seine Handlungen bestehe, bedeutet aber auch, dass wir nicht ohne die anderen existieren. Nach Sartre würden wir unser Selbst erst dadurch formen, dass wir uns in Gesellschaft bewegen und handeln. Deshalb könne das Ich nicht existieren, wenn wir unser Leben allein verbrächten. Wie kann ich wissen, dass ich arrogant bin, wenn ich auf niemanden herabsehe? Wie kann ich gutherzig sein, wenn ich niemanden umsorge? Ohne die anderen, auf die sich meine Handlungen beziehen, die meine Handlungen erleben und bewerten, gäbe es kein Ich.

Einige psychologische Schulen sehen den Menschen als untrennbar verbunden mit einem komplexen Gefilde von Interaktionskontexten. All unsere Lernerfahrungen, Identitäten und Bedürfnisse seien fest in einen gesellschaftlichen Kontext eingebettet. Das Individuum könne nicht ohne seine Umgebung betrachtet werden. Ohne die anderen könne ich nicht ich sein.

Manche Psychotherapeuten wie Rainer Sachse erklären, dass ganze Gruppen psychischer Störungen auf fehlerhafte

Interaktion mit anderen Menschen zurückzuführen sind. So sieht Sachse den Ursprung bekannter Persönlichkeitsstörung in schädlichen Erfahrungen im Umgang mit anderen Menschen, meist in der Kindheit. Wie schon an der schizoiden Persönlichkeitsstörung demonstriert, würden daraus stabile Annahmen über menschliche Beziehungen entstehen, die eigene Identität und die eigenen Möglichkeiten: „Ich kann anderen nicht vertrauen." „Andere werden mich verletzen." „Ich darf keine Schwäche zeigen." „Ich muss alles im Griff haben, sonst passieren Katastrophen." „Nutze ich die anderen nicht aus, werden sie es tun."

Das sind einige typische Annahmen aus der Kindheit, die das Verhalten von Menschen mit verschiedenen Persönlichkeitsstörungen antreiben. Sie alle sind nur schwer aus dem Kontext der Gesellschaft wegzudenken.

Jedoch ein dauerhaftes Verständnis von dem, was uns ausmacht, erwächst aus der Reflexion all dessen, was wir im Zusammensein mit anderen erlebt haben.

> Die Erfahrungen geschehen in Gesellschaft, aber ihre Integration geschieht allein. In stiller Meditation im Kloster oder beim Nachdenken am Schreibtisch.

Klausur und Kloster auf Zeit bedeutet, Raum für Verarbeitung des Erlebten zu schaffen. Nur wenn alle Bewegung um uns still steht und wir einen Schritt zurücktreten, haben wir die Möglichkeit, die Perspektive auf das Geschehen, das vor uns vorbei rast, zu wechseln. Zu oft verlieren wir mitten im Geschehen diese Möglichkeit.

Wir glauben, Erinnerungen oder Ereignisse, die sich hier und jetzt entfalten, seien eindeutig oder eine Misere unlösbar. Sich von den bekannten und oftmals bequemen Denkstrukturen zu verabschieden und sie durch neue zu ersetzen ist ein kreativer Prozess, wie ihn nur die Stille schenken kann.

4.3 Zeit zur Versenkung

 Ulrich Beer

Himmel auf Erden

Zwei Mönche lasen gemeinsam in einem alten Buch, dass es am Ende der Welt einen Ort gebe, an dem Himmel und Erde sich berühren. Sie beschlossen, diesen Ort zu suchen. So zogen sie aus in die Welt, bestanden zahllose Gefahren, erlitten Entbehrungen und mussten viele Versuchungen bestehen. Schließlich endete ihr Weg an einer Tür, und ihnen fiel die Verheißung ein: Bei einer unbekannten Tür müssten sie stehen bleiben und an ihr klopfen. Dahinter befinde sich das Paradies; dann sei man bei Gott. Ahnungs- und hoffnungsvoll klopften sie an die Tür, und tatsächlich: Sie öffnete sich. Und als sie eintraten, erkannten sie: Sie waren wieder in ihrem Kloster und in ihrer ursprünglichen Zelle. Nun begriffen sie: Der Ort, an dem Himmel und Erde sich berühren, ist genau der, an den uns Gott jeweils gestellt hat. Für die Mönche war er natürlich das Kloster als der Ort der Besinnung und Versenkung.

Für viele wäre es eine Horrorvorstellung, in einer Klosterzelle leben zu müssen, und sie würden sich fragen: „Was macht man den ganzen Tag?" Oder sie würden mit Victor Hugo bekennen: „Die Hölle liegt ganz in dem einen Wort: Einsamkeit." Was für den einen die Pforte des Paradieses ist, empfindet der andere als Hölle. Und doch müssen wir wohl auch durch die Hölle der Einsamkeit hindurch, wenn wir ihre Segnungen und ihren Gewinn erfahren wollen.

Wenn wir noch ein wenig im Kloster verweilen oder etwa mit Erhart Kästner („Die Stundentrommel vom heiligen Berg Athos") eins der berühmten Klöster des Athosberges besuchen, so betreten wir die Zelle des Pater Gerasimos. Kästner fragt ihn:

> Ob das einsame Leben schwer sei und mit der Zeit eher leichter oder eher noch schwerer als anfänglich werde, wollte er wissen. Eigentlich schwer nicht, erwiderte er, schwer nicht, nicht schwer. Es umgebe einen wie eine stille, stehende Pracht. Einsamkeit sei ein Element, wenn er sich als Chemiker so ausdrücken dürfe, klar wie Wasser und doch nicht wie Wasser, schwerer ganz schwer. Man schwebe darin. Langeweile, o nein. Davon sei nicht die Rede; dazu sei das Herz viel zu ruhend. Gestillt, ganz gestillt. Er habe gerne allein gelebt, leidenschaftlich, Jahr um Jahr, fünfundzwanzig, habe abgelehnt, mit anderen zusammenzuziehen, wenngleich es ihm manche anboten. Er habe immer gefunden, in vollkommener Einsamkeit, in Gelassenheit sei die Stimme von oben am reinsten zu hören. Denn es sei sicher, dass eine fremde Stimme dann spreche. Im Herzen, im Kopf nicht; der Kopf könne hierzu nicht viel sagen (Kästner 1974).

4 Klausur und Kloster auf Zeit

Wir Kopfmenschen haben den Gedanken der selbst gewählten Einsamkeit, der Einsiedelei um der Versenkung willen weit zurückgestellt. Es wird uns auch nicht leicht gemacht, den Ratschlag der Bibel zu erfüllen: „Wenn du beten willst, so gehe in dein Kämmerlein und schließe die Türe zu!" Wenn's damit getan wäre! Wir müssten den Verkehrslärm abstellen, das Telefon ausstöpseln, Radio und Fernseher abgeschaltet lassen, die Familie fortschicken, alle beruflichen und privaten Sorgen ausklammern. Und wann können wir, wann tun wir das?

Aber genau das müssten wir tun: Einsiedlerzellen zumindest der Zeit nach in unsere von Routine und Rotation überdrehte Alltagstechnik einbauen. Wir können sicher sein: Diese bliebe dann nicht mehr die gleiche, sondern würde allmählich von dem Ferment der Gelassenheit durchwirkt, sie würde sich gleichsam setzen wie ein durchgeschüttelter Wein, genießbarer und bekömmlicher werden.

Einsamkeit wird fruchtbar, wird zur Einkehr durch die Stille. Sie ist uns nicht mehr von selbst gegeben, und wer wohnt schon als Einsiedler in stiller Umgebung oder in der von Theodor Storm mit dem Zauber seiner Poesie umgebenen Heide:

> Abseits
> Es ist so still; die Heide liegt
> im warmen Mittagssonnenstrahle,
> ein rosenroter Schimmer fliegt
> um ihre alten Gräbermale;
> die Kräuter blühen, der Heideduft
> steigt in die blaue Sommerluft…

Ein halbverfallen niedrig Haus
steht einsam hier und sonnenbeschienen;
der Kätner lehnt zur Tür hinaus,
behaglich blinzelnd nach den Bienen;
sein Junge auf dem Stein davor
schnitzt Pfeifen sich aus Kälberrohr.

Kaum zittert durch die Mittagsruh
ein Schlag der Dorfuhr, der entfernten;
dem Alten fällt die Wimper zu,
er träumt von seinen Honigernten. –
Kein Klang der aufgeregten Zeit
drang noch in diese Einsamkeit (Storm 1942).

In unsere Einsamkeiten drängen gewöhnlich nicht nur Klänge, sondern dringt sehr viel Lärm. Wir müssen uns abschirmen oder müssen uns die Zeiten nehmen, in denen uns die Stille umfangen kann – die Dämmerung, der Abend, die Nacht oder das frühe Morgengrauen. Stille lässt uns ruhig werden, sie öffnet uns Sinne und Seele.

Die meisten Menschen halten die völlige Stille nicht aus, sie flüchten vor ihr, weil sie sich in ihr totenstill, leer und verlassen fühlen. Die Stille ist in der Tat wie ein riesiges Loch, eine Höhlung, in der wir uns verlieren können. Sie enthält aber auch die Chance, sich zu füllen. Zunächst sind es Geräusche: das Fallen von Blättern, der Ruf eines Vogels, das Rauschen des Regens. Eine solch belebte Stille regt an und fördert Gedanken, Visionen, Empfindungen und Gefühle zutage. Wir füllen uns mit Impressionen, erleben den Augenblick als erfüllt. Für den einen mögen es Erinnerungen sein, Gedanken an ferne Dinge und nahe Menschen. Für den anderen sind es traumhafte Visionen,

Umrisse von Ideen, Blicke in eine ungeahnte Tiefe der Wirklichkeit. In der Stille formulieren sich – in Worten oder auch ohne Worte – Gebete zum Urgrund des Seins, zu Gott.

Hans Jürgen Baden trifft in seinem Buch „Schritte aus der Einsamkeit" zwei scheinbar paradoxe Feststellungen:

> „Das Gebet ist keine Patentlösung gegen die Einsamkeit" und: „Gott offenbart sich vorzüglich dem Einsamen, wenn dieser imstande ist, zu warten, und ein Organ für die göttliche Erscheinung besitzt" (Baden 1990–1994).

Offenbar ist hiermit gemeint, dass das Gebet nicht unsere Einsamkeit füllen und erst recht nicht sie vertreiben soll. Wir können nicht, wenn wir Leere fühlen und Einsamkeit erleiden, zum Gebet wie zu einer Notbremse greifen. Jedenfalls ist dies nicht die ausfüllende, erfüllende Tiefe des Betens. Sondern das Beten des Einsamen in der Stille ist das Öffnen seiner inneren Organe, das Bereitsein, das Ausstrecken der Antennen für die „Signale aus dem Weltraum", wie Rilke es einmal genannt hat. Baden geht so weit zu sagen:

> Der Gläubige ist, im Notfall auf Menschen nicht mehr angewiesen. Er hat sich von aller gesellschaftlichen Abhängigkeit befreit. Seine Einsamkeit ist unablässig für die Wirklichkeit Gottes transparent. Es bedarf nur einer unmerklichen Wendung – und er steht dem ewigen Du gegenüber. Er weiß sich aufgehoben, getröstet, von Angst befreit (Schopenhauer und Löhneysen 1976).

Aus diesen Begegnungen in der Stille geht der Mensch vertieft, bereichert, erleuchtet hervor – so wie Mose mit einem Leuchten von Berg Sinai zurückkam oder Jakob, der mit dem Engel rang und als ein Verwandelter daraus hervorging: „Ich habe Gott von Angesicht gesehen, und meine Seele ist genesen" (Genesis 32, 30).

Was für den gläubigen Beter das Gotteserlebnis in der mystischen Tiefe der Stille und Einsamkeit bedeutet, ist für den anderen – etwa die Dichterin Annette von Droste-Hülshoff – die Begegnung mit der Natur, ihren Geistern, ihrem „Heiligen Licht", in dem ebenfalls durch die Transparenz der Schöpfung auch das Angesicht des Schöpfers leuchtet. Zugleich wird der Schöpferanblick zum schöpferischen Augenblick, ereignet sich die göttliche Inspiration:

Lasst mich an meines See's Bord,
Mich schaukelnd mit der Wellen Strich,
Allein mit meinem Zauberwort,
Dem Alpengeist und meinem Ich!

Verlassen, aber einsam nicht,
Erschüttert, aber nicht zerdrückt,
Solange noch das heilge Licht,
Auf mich mit Liebesaugen blickt.

Solange mir der frische Wald
Aus jedem Blatt Gesänge rauscht,
Aus jeder Klippe, jedem Spalt,
Befreundet mit der Elfe lauscht.

Solange noch der Arm sich frei
Und waltend mir zum Äther streckt,
Und jedes wilden Geiers Schrei
In mir die wilde Muse weckt. (Droste-Hülshoff 2014)

4.4 Schöpferische Pause und Kreativität

 Malte R. Güth

> **Fragen**
> - Was haben die einsame Bergspitze, der Pilgerpfad, die Einöde und das stille Kämmerlein an sich, die die Gedanken befreien?
> - Wir können die Leere und Stille formen, aber wie? Zunächst einmal ist da nichts. Wir starren in die Leere, lauschen, hören nur unseren leisen Atem.
> - Was kann aus der Leere mitgenommen werden?
> - Wieso blüht bei manchem Philosophen und Künstler Kreativität in der Stille?

Diese Fragen sind besser zu beantworten, nähert man sich ihnen nicht von der Einsamkeit, sondern von ihrem Ergebnis an, der Kreativität. Dabei handelt es sich um ein Konzept, das weit schwieriger zu erklären ist als die eng verwandte Intelligenz. In Intelligenztests finden sich Sammlungen von verschiedenen Aufgaben, die Bereiche intellektueller Leistungsfähigkeit prüfen. Wir erwarten von einem intelligenten Menschen, dass er in der Lage ist, eine Reihe von komplexen Problemen schnell und effizient zu lösen. Doch wie soll das für Kreativität funktionieren?

Schreib ein Gedicht. Zeichne ein Bild. Sing ein Lied. Das sind Akte, für die mit Sicherheit Kreativität gebraucht wird, allerdings auch Übung, Motivation und in manchem Fall Intelligenz. Könnte mir jemand nicht auf der Stelle eine Ständchen vortragen, ein Porträt zeichnen oder ein paar Verse dichten, dürfte ich dann behaupten, die Person sei nicht kreativ? Zu sagen, Kreativität sei die Fähigkeit, Kreatives zu schaffen, ist ein Zirkelschluss, der zudem nicht die Fälle latenten Potenzials einschließt. Menschen entdecken manchmal erst im hohen Alter, dass in ihnen ein Drang zum Selbstausdruck schlummert. Das Umsetzen dieses Drangs ist selten sofort mit Erfolg gekrönt. Doch die Fingerfertigkeit mit dem Pinsel oder das Geschick mit dem Wort lassen sich erarbeiten. Demnach könnte die Befreiung der Gedanken von mondänen Alltagstätigkeiten der Auslöser kreativer Schaffenskraft sein. Kreativität könnte in der Schwebe zwischen Motivation und Intelligenz hängen. Sie braucht gedankliche Freiheit und einen unbezähmbaren Drang, zur Tat zu schreiten. Dann gelingt die Metamorphose der Gedanken in Schaffenskraft.

Kreativität könnte als das ungehemmte Zusammenspiel aller geistigen Kräfte, synchronisiert durch einen Wunsch zum Ausdruck, verstanden werden. Spinnen wir diesen Gedanken weiter, sind Einsamkeit und Stille die Befreiung von Ablenkung. Alle Gedanken, die nicht dem höchsten Ziel, der Schöpfung, dienen, zehren nicht länger an den Kräften, die für das schöne Spiel gebraucht werden. Fast schon erscheint es plausibel, dass alle Neuronen im Gehirn im selben Takt feuern und eine optimale Frequenz der Kreativität erreichen. Wir sind im Zustand der Ekstase ohne jegliche Bedürfnisse jenseits des Ausdrucks. Alle Barrikaden fallen, Routinen verschwinden, wir öffnen uns dem Neuen. In der Leere, wie auf dem weißen Blatt Papier, liegt die Fülle der Möglichkeiten.

Ich wünschte, der letzte Absatz entstamme einem Lehrbuch oder den Mitschriften aus einem Symposium zu gegenwärtigen Perspektiven der Kreativität. Das gäbe den Ideen wissenschaftliche Legitimität. Unglücklicherweise ist dem nicht so. Es gibt weder eine anerkannte Theorie neuronaler Synchronisierung noch eine einheitlich anerkannte Definition der Kreativität. Das Problem der Definition besteht darin, dass sich kaum eine findet, die sich als individuelle Fähigkeit messen oder klar gegen die Intelligenz abgrenzen ließe. Meine obige Definition ist für die Wissenschaft unbrauchbar. Sie ist nämlich kaum überprüfbar.

Über das reine Gedankenspiel kann ich keine Hypothese ableiten, die sich mithilfe einer gut durchdachten Versuchsanreihung, einer Testung mit Elektroenzephalografie, Magnet Resonanz Tomografie oder einer sonstigen neurowissenschaftlichen Methode im Gehirn fundieren ließe. Die Synchronisierung der Neuronenaktivität gibt es in verschiedensten Formen, aber sie tritt für alle möglichen psychischen Prozesse, nicht bloß die schöpferischen, auf.

Trotzdem existiert eine Verbindung. Es gibt Elemente der künstlerischen Vorstellung von Kreativität, die sich mit wissenschaftlichen Erkenntnissen decken und sie mit der Einsamkeit verknüpfen. Die wunderlichen Veränderungen von Kognition und Emotion durch Isolation wurden in vorigen Abschnitten bereits dargelegt. Manche davon muten krankhaft an. Eigenbrötler, die sich aufgrund ihrer Besessenheit einsperren und nichts anderes kennen als das Objekt ihrer Obsession, oder Introvertierte, die sich allein wohler fühlen, können sozial unangepasst, angespannt in Interaktion mit anderen und sogar ein wenig psychotisch sein. Viele waren dies bereits vor der Isolation. Aber die Verzerrung unseres Denkens und Fühlens in der Einsamkeit könnte einem Wandel zur Psychose zuträglich sein. Hier könnte der Schlüssel zur Freisetzung des kreativen Potenzials liegen. Es ließe sich mit Leichtigkeit überprüfen.

In Untersuchungen an hochkreativen Menschen wie z. B. Schriftstellern wurden erhöhte Werte in standardisierten Fragebögen gefunden, die Merkmale der Schizophrenie erheben sollen (Kyaga et al. 2011; Barron 1969). Schizophrenie wird in diesen Messinstrumenten u. a. durch mangelnde Verhaltenskontrolle, wahnhafte Vorstellungen und eine geradezu fahrlässige Missachtung der sozialen Umgebung gekennzeichnet. Was ihr Umfeld denkt, ist ihnen auffällig gleichgültig – ein Symptom, das eine starke Verbindung zur Kreativität aufweist.

Schizophrenie

Schizophrenie ist eine psychotische Störung, die sich durch Symptome in einem breiten Spektrum psychischer und motorischer Funktionen kennzeichnet. Dazu zählen u. a.

> formale (z. B. Gedankenabreißen, Zerfahrenheit) oder inhaltliche Denkstörungen (Wahnvorstellungen wie z. B. Verfolgungs- oder Größenwahn), Halluzinationen, Affektstörungen (z. B. Gefühlsarmut), Störungen des Selbstgefühls (z. B. Verlust des Gefühls für Realität oder die eigene Person) oder psychomotorische Auffälligkeiten (z. B. verminderte Reaktivität auf die Umgebung, anscheinend sinnlose motorische Aktivität, Haltungsstereotypien wie bizarre Sitzhaltungen). Je nach Vorliegen einzelner Symptome oder von Symptomgruppen werden mehrere Subtypen der Schizophrenie unterschieden. Bei der Entstehung der Störung wird angenommen, dass eine genetische Veranlagung maßgeblich beteiligt ist.

Der Mut der Kreativen, sich dem Neuen und Unbekannten zu öffnen, könnte auch als psychotisch bezeichnet werden. Dass der Kreative gegen Konventionen ankämpfen muss und in seinem Bestreben geradezu wahnhaft auftritt, passt zu dem populären Bild des exzentrischen Künstlers. Zudem ergibt es Sinn, dass der Mensch, dessen Leistungen sich durch Einzigartigkeit und Originalität auszeichnen, unnachvollziehbare Gedanken- und Verhaltensmuster aufweist.

Dafür gibt es weltberühmte Beispiele, die Jahrzehnte oder Jahrhunderte in der Vergangenheit liegen. Deshalb sind alle Feststellungen über den Geisteszustand der Künstler reine Spekulation. Das Geheimnis um ihren Wahn und ihre Einsamkeit macht das Mutmaßen noch verlockender. So entstehen Erzählungen um Künstler, die zu ihrer Legende beitragen.

Vincent van Gogh

Unter den Künstlern findet sich z. B. Vincent van Gogh, der angeblich unter Wahnvorstellungen und Depression litt. In einem seiner Anfälle soll er sich mit Malerkollegen Paul Gauguin zerstritten und kurz darauf sein linkes Ohr abgeschnitten haben. Van Gogh hatte sich eine Künstlergemeinschaft gewünscht, sein „Atelier des Südens", wo Künstler wie er, Gauguin und Émile Bernard Obdach finden sollten. Mehr noch sollte das Projekt ihnen helfen, Kontrolle und Gerechtigkeit im Vertrieb ihrer Werke zu gewinnen. Jeder der drei schuf zu diesem Anlass ein Selbstporträt, das ihre Leiden widerspiegelte. Van Gogh offenbarte sich in blassen Farben mit kahlem Kopf. Die kraftlosen Farben, die Trauer im Blick Van Goghs und sein entblößter Schädel schaffen das Bildnis eines durch Entbehrung und Einsamkeit gebeutelten Künstlers. Im Atelier gerieten Gauguin und Van Gogh wohl bald in Streit. Die Malerkollegen waren angeblich beide unverträgliche Persönlichkeiten, die nicht bereit waren, die Launen des anderen zu ertragen. Zugleich sind die jüngsten Selbstbildnisse und die Lebenswerke der Künstler ein Indiz, dass gerade die seelische Unausgeglichenheit Quelle der Inspiration in ihrem Schaffen war. Doch aufeinander gepfercht fehlte ihnen die Stärke, mit der geballten emotionalen Belastung beider Künstler umzugehen.

Johann Wolfgang von Goethe

Unter ähnlichen Lasten könnte Johann Wolfgang von Goethe gelitten haben. Es gibt Hinweise, dass der bedeutendste deutsche Schriftsteller sein ganzes Leben mit depressiven Episoden gekämpft hat. Das eindrücklichste Beispiel stammt aus seiner Jugend, als sein Ruf als Dichter noch nicht etabliert war und sein Vater ihn drängte, sich der Karriere als Advokat zu widmen, um eines Tages ein hohes öffentliches Amt zu bekleiden. Doch der eigenen Anwaltskanzlei in Frankfurt kehrte Goethe den Rücken. Sein literarisches Schaffen an einem Manuskript, das zwei Jahre später unter dem Titel „Götz von Berlichingen" bekannt werden würde, ließ ihn die Juristenkarriere vernachlässigen. Zur Beschwichtigung des Vaters nahm er eine Praktikantenstelle am Reichskammergericht in Wetzlar an. Während seiner Zeit in Wetzlar machte Goethe die schicksalhafte Bekanntschaft Charlotte Buffs. Der, wie seine Kollegen am Gericht berichteten, affektvolle Goethe verliebte sich in sie. Seine Gefühle stießen auf Ablehnung, denn sie war bereits vergeben. Was folgte war eine Zurschaustellung der Schaffenskraft im Künstlerexil. Goethe verließ Wetzlar und schrieb in lediglich vier Wochen den Briefroman, der seinen Namen durch Europa tragen sollte: „Die Leiden des jungen Werther". Getrieben von Verzweiflung ließ er seinen Werther die eigenen tragischen Erfahrungen machen. Die einfühlsame, intime Art, mit der Goethe den Leser an das Thema Selbstmord heranführt und Werthers Entscheidung beschreibt, legt nahe, dass Goethe selbst mit Suizidgedanken und Depression rang. Was daraus entstand, wurde für bare Münze genommen. Das anonym veröffentlichte Werk wurde als ein echtes Testament einer gequälten Seele aufgenommen, das die Leute so tief bewegte, dass viele Unglückliche es Goethes Werther gleichtaten. So schrecklich diese Tragödie war, sie dient als Zeugnis, wie nahe sich kreatives Schaffen und Seelenleiden sind.

Joseph Beuys

Wie nahe das Schaffen nicht nur am Schmerz ist, sondern auch an der Rebellion, verdeutlicht Joseph Beuys. Seine Aktionskunst war geprägt von aufregenden Ideen, die traditionelle Vorstellungen von Kunst auf den Kopf stellten. Doch auch politisch kämpfte er gegen Konventionen an. So trat er u. a. ein für mehr direkte Demokratie und eine

Reform des Bildungswesens. Junge Menschen seien, wie er es der ganzen westlichen Gesellschaft prognostizierte, gefährdet, am Materialismus zugrunde zu gehen. Um das zu verhindern, müsse das oberste Ziel eines Bildungssystems sein, mündige Menschen zu formen. Barrikaden bei der Studienzulassung wie einen Numerus Clausus wollte er nicht hinnehmen. Sein Protest gegen gesellschaftliche Missstände war laut, geradezu obsessiv und brachte ihn in prekäre Lagen. Nicht zuletzt verlor er deshalb seine Anstellung als Universitätsprofessor und erarbeitete sich einen Ruf als kontroverse Figur der Zeitgeschichte.

Genau das ist, was Kreativität ausmacht, der Mut zur Kontroverse, zum Aufbruch und zur Andersartigkeit. Für diejenigen, die an der Norm festhalten, sieht dieser Mut wie Wahnsinn aus.

Suchen wir nicht nach möglichen Patienten unter Künstlern, sondern nach Künstlern unter Patienten, treffen sich erneut psychische Abnormalität und Kreativität. Viele Patienten unterschiedlicher Störungsgruppen demonstrieren Interesse am Selbstausdruck und hegen künstlerische Leidenschaften. Wenn die Kommunikation der Gedanken über herkömmliche, direkte Sprache fehlschlägt, gelingt sie manchmal durch Symbole und Abstraktion wie in der Malerei oder der Poesie. Bemerkenswert sind auch die Erfolge, die auf diesem Wege in der Therapie erzielt werden können. Es gibt z. B. für Patienten im Strafvollzug Ansätze, die Mittel des kreativen Ausdrucks zur Wiedereingliederung in die Gesellschaft anwenden.

Natürlich steht nicht jeder Kreative einer psychiatrischen Diagnose nahe. Es ist sogar zu beobachten, dass der Zusammenhang von Kreativität und schizophrenen Merkmalen deutlich schwächer wird, wenn die Merkmale sehr stark ausgeprägt sind. Das heißt, nur bei einer mäßigen, nicht krankhaften Ausprägung der Symptome gibt es eine Korrelation von Kreativität und Schizophrenie.

Dafür könnte es verschiedene Gründe geben. Im Bereich der Störung könnte der Wahn so stark sein, dass die Schaffenskraft leidet. Ein gesellschaftsverträgliches Maß Wahnsinn hingegen scheint der Kreativität dienstbar zur Hand zu gehen. Manche Forscher gehen so weit, genetische Polymorphismen zu unterstellen (Kéri 2009). Das bedeutet, dass die schizophrenen Merkmale und Kreativität auf ähnlichen Genen codiert sind. Braucht Kreativität also einen Funken Psychose? Die Neigung, Konventionen zu brechen und Sinn in dem zu sehen, das jeder andere für abwegig erachtet, könnte genau das sein, was den originellen Gedanken beim Kreativen ermöglicht. Haben nicht oft schon Brüche in einer Biografie stattgefunden, die zu kreativer Verarbeitung herausfordern oder drängen?

> **Genetische Polymorphismen**
>
> *Genetische Polymorphismen* sind das gleichzeitige Auftreten mehrerer Varianten eines bestimmten Gens innerhalb einer Bevölkerung. Das bedeutet, dass sich dasselbe Gen auf verschiedene Arten bei unterschiedlichen Menschen auf das Verhalten und Erleben auswirken kann.
>
> Im oben genannten Fall würde das bedeuten, dass die Kreativität eines Menschen und das Zustandekommen einer schizophrenen Störung durch mehrere Varianten ähnlicher oder sogar derselben Gene beeinflusst werden.

Damit ist keine kausale Verbindung bewiesen, weder zwischen Wahnsinn und Kreativität, noch zwischen Rückzug und Wahnsinn, noch zwischen Rückzug und Kreativität. Was sich festhalten lässt, ist, dass es eine Reihe von Eigenschaften gibt, die sich Einsame, Kreative und Patienten teilen. Eine Offenheit gegenüber dem Verrückten, dem Ungewöhnlichen und dem Neuen wagen Schizophrene, Künstler und jene, die die Einsamkeit suchen. Vielleicht ist Kreativität genau diese Offenheit.

Unterstützung dafür liefert eine klassische, psychologische Theorie von Wallach und Kogan (Wallach und Kogan 1965). Ihrer Theorie zufolge würden sich Menschen im Zugriff und der Vielfältigkeit ihrer Assoziationen unterscheiden. Sind wir mit einem Problem oder einem bestimmten Reiz konfrontiert, kommen uns verschiedene Lösungsmöglichkeiten und Assoziationen in den Sinn. Weniger kreative Menschen seien in der Lage, schnell naheliegende Assoziationen zu einer präsentierten Idee wie z. B. dem Wort Glocke zu produzieren. Das Wort Kirche könnte genannt werden. Die Stärke der Assoziation ist beim weniger kreativen Menschen sehr groß, weil sie naheliegend ist. Daher kann die Assoziation schnell abgerufen werden. Dafür würden abwegigere Gedanken gar nicht erst in Betracht gezogen werden. Die Assoziationsstärke der naheliegenden Idee verhindert, dass ungewöhnliche bedacht werden.

Für einen hochkreativen Menschen habe die naheliegende Antwort keine solche Assoziationsstärke. Er würde in ein tieferes Reservoir von breit gefächerten Assoziationen und Ideen greifen. Was für den weniger kreativen Mensch zu abwegig sei und gar nicht bedacht werde, würde dem hochkreativen eher in den Sinn kommen. Den Hochkreativen gelinge es aufgrund der schieren Menge an Ideen langsamer, Assoziationen zu nennen. Sie brauchen laut der Theorie länger, weil sich ihre Gedanken in alle Richtungen ausbreiten würden. Dafür könnten sie einen breiteren Horizont an naheliegenden und zunächst schwer nachvollziehbaren Konzepten als Antwort geben. Im Beispiel könnten sie z. B. Dichter, Kuh, Weide, Speichelreflex oder Käse auflisten. Diese Assoziationen bedürfen einiger Verknüpfungen, die sie von der Kirche trennen. Daher sind die Assoziationen breit. Gedanken Hochkreativer könnten frei strömen. Entsprechend originell würden ihre Assoziationen erscheinen.

Wer sein Leben lang das Unkonventionelle denkt, entfremdet sich leicht freiwillig oder unfreiwillig von sozialen Gefügen. Vielleicht verliert er das Gespür für das, was akzeptabel ist und für das, was Menschen bereit sind, von ihm zu ertragen. Vielleicht verliert er den Blick und schließlich das Interesse an den Belangen derer, die ihm nahe stehen. Wie die berühmten Künstler zeigen, geht die Kreativität oft Hand in Hand mit Einsamkeit.

Ist das womöglich eine Voraussetzung für die Schaffenskraft? Muss ein Künstler einsam sein? Es könnte in seiner Persönlichkeit und seinen Emotionen stecken. Nur allein fühlt er die Kraft, sich zu entfalten und die Inspiration, etwas Neues zu schaffen. Franz Kafka war überzeugt, sein Schreiben tauge nur etwas, solange er unglücklich sei. Ein Künstler brauche das Unglück als Muse. Kafkas Lebenswerk liest sich dementsprechend.

In seiner Vermutung kann ich ihm nicht zustimmen. Unglück ist Inspiration, doch nicht die einzige. Glück kann genauso wirkungsvoll sein. Ein Mensch muss sich nicht in Marter und ewige Isolation verabschieden, um Schaffenskraft zu entdecken. Ein Extrem zu wählen, ist leicht.

> **Extreme sind leicht, Balance ist schwierig**
>
> Keinen einzigen oder jeden Flüchtling aufzunehmen, sind zurzeit die Forderungen radikaler politischer Strömungen. Keine der beiden Forderungen ist realistisch. Beide erfordern keine weitere Diskussion. Sie sind das Ende eines ethischen und politischen Diskurses. Statt Pros und Kontras gegeneinander abzuwägen, sodass wir als Gesellschaft eine Übereinkunft finden, wie viele Flüchtlinge wir schultern können, wird eine sofortige Lösung verlangt. Die Argumente der anderen Seite werden gar nicht erst in Betracht gezogen. Es solle eine eindeutige Antwort geben, eine, die durch Grundsätze diktiert wird. Mitgefühl gegenüber dem Leidenden oder Sorge um das Wohl der Bevölkerung würden beide bedeuten, dass es nur die eine Lösung geben könne. Beide politischen Seiten geben sich einem bequemen Trugschluss hin: Es darf nur die eine Antwort geben. Sie ist schnell gefunden, fügt sich nahtlos in unser Wertesystem von Weltoffenheit oder Heimatschutz und zwingt uns nicht, irgendetwas infrage zu stellen. Sich zu fragen, ob manchmal ein Hilfesuchender abgewiesen werden müsse oder ob wir Verluste hinnehmen müssten, um unsere Menschlichkeit zu bewahren, kann unangenehm sein. Wir müssen aber unsere Werte anzweifeln können, um zu wachsen. Sonst bleiben wir stecken und verfallen den Tücken des Radikalismus. Gibt es nur eine begrenzte Menge akzeptabler Argumente und Meinungen, treten genau die Phänomene der Radikalisierung auf, die zur Gewalt und zu gesellschaftlicher Spaltung führen. Es muss möglich sein, die Sicht der anderen nachzuvollziehen und sich realistisch zu fragen, welche der zahllosen Antworten diejenige ist, mit der wir alle leben können.

Keine Nuancen, keine Abstufung zu kennen, ist Zeichen fehlender Reife. Schwieriger als das Absolute ist Balance. Anstelle von Alles oder Nichts, ist Mäßigung der Schlüssel zur Kreativität. Der Rückzug auf Zeit, ist, was zu neuen Kräften verhilft. Ungezügelter Wahn und Trauer führen nicht zur Erfüllung, sondern zu seelischem Leid. Ohne die Kontrolle des Ich zu lösen und den Geist zu ertränken, geht der gemäßigte Wahn der Kreativität dienlich zur Hand. Gemäßigter Wahn ist Offenheit. Er lässt uns mit dem Vertrauten brechen und das Unbekannte annehmen.

Was wir in die Einsamkeit mitbringen und wie wir dann damit umgehen, formt unsere Erfahrung in der Stille. Leere ist die Freiheit der Möglichkeiten, die uns bedrücken oder beflügeln kann. Mit Emotionsregulation als Werkzeug, über die eigenen Gefühle zu reflektieren, sie wertzuschätzen und zu bewältigen, gewinnen wir Einsicht, Erneuerung und Maß.

> Kontrolle zu erreichen ist eine Herausforderung, die sich in einsamen Stunden offenbart. Ihre Meisterung verspricht die Mobilisierung und Synchronisierung aller Energien zur Schöpfung von etwas Schönem, sei es ein Kunstwerk oder ein Lebenswandel. Beide setzen Mut und Offenheit voraus.

> **Einsamkeit ist gestaltbar**
> Der Ruhepunkt, den uns das Exil auf Zeit bietet, weckt schöpferische Kraft. Das ist nicht nur auf Künstler zu beziehen. Jeder kann durch eine Pause von gewohnten Alltagsstrukturen, Einsamkeit als Inkubationszeit nutzen. Sie löst vorgegebene Denk- und Assoziationsstrukturen. Kreativität

> und Wahn sind eng verwandt, weil sie beide gegen Konventionen verstoßen. Sich vom Vertrauten zu lösen, ohne sich vollständig davon zu entfremden, ist die Balance von Kreativität und Wahnsinn, die es ermöglicht, neue Potenziale auszuschöpfen. Aus der scheinbaren Leere im Alleinsein wird eine Projektionsfläche für Ideen.

Literatur

Baden, H. J. (1990–1994). *Schritte aus der Einsamkeit. Erfahrungen in unserer Zeit.* Freiburg: Herder.

Barron, F. (1969). *Creative person and creative process.* New York: Holt Rinehart & Winston.

Droste-Hülshoff, A. von. (2014).*Gesammelte Werke von Annette von Droste-Hülshoff.* Venice: E-artnow.

Kästner, E. (1974). *Die Stundentrommel vom heiligen Berg Athos.* Frankfurt a. M.: Insel.

Kéri, S. (2009). Genes for psychosis and creativity A promoter polymorphism of the Neuregulin 1 gene is related to creativity in people with high intellectual achievement. *Psychological Science, 20*(9), 1070–1073.

Kyaga, S., Lichtenstein, P., Boman, M., Hultman, C., Långström, N., & Landén, M. (2011). Creativity and mental disorder: family study of 300 000 people with severe mental disorder. *The British Journal of Psychiatry, 199*(5), 373–379.

Lukas, E., & Wiesmeyr, O. (1995). *Sinnbilder.* Freiburg: Herder.

Petrarca, F., & Wetz, F. J. (Hrsg.). (2004). *Das einsame Leben: Über das Leben in Abgeschiedenheit. Mein Geheimnis* (Übers. F. Hausmann). Stuttgart: Klett-Cotta.

Rilke, R. M. (1955). *Sämtliche Werke.* Frankfurt a. M.: Insel.

Sartre, J.-P. (2000). *Der Existentialismus ist ein Humanismus: Und andere philosophische Essays 1943–1948*. (Übers W. Bökenkamp, H. G. Brenner, M. Fleischer, T. König, G. Scheel, H. Schöneberg, & V. von Wroblewsky). Reinbek: Rowohlt Taschenbuch.

Schopenhauer, A., & Löhneysen, W. von. (Hrsg.). (1976). *Sämtliche Werke textkritisch bearbeitet und herausgegeben von Wolfgang Frhr. von Löhneysen*. Darmstadt: Wissenschaftliche Buchgesellschaft.

Storm, T. (1942). *Immensee/Im Sonnenschein/Ein grünes Blatt/Abseits*. Stuttgart: Deutsche Volksbücher.

Wallach, M. A., & Kogan, N. (1965). *Modes of thinking in young children: A study of the creativity-intelligence distinction*. New York: Holt, Rinehart & Winston.

# 5

Mut zum Alleinsein

Zusammenfassung Die Einsamkeit bietet eine neue Erlebniswelt, je nachdem wer sie antritt. Der Entschluss, die Einsamkeit zu suchen, kann schwerfallen und erfordert Mut. In diesem letzten Kapitel sollen die Herausforderungen gezeigt und dann der Mut gegeben werden, sie zu meistern. Einsamkeit ist es wert, aufgesucht und ausgekostet zu werden.

5.1 In der Stille wartet ein neuer Weg

» *Malte R. Güth*

Der Einsiedler sitzt allein in seiner Kammer. Absolute Stille umgibt ihn. Das Licht einer flackernden Kerze tanzt über die Wände. Mit der Hand streicht er über die Flamme. Sie züngelt zwischen seinen Fingern. Einen Moment greift er in die Flamme. Dann erstickt er sie zwischen Daumen und Zeigefinger. Nun ist er für sich.

Vergangenes taucht auf. Er denkt an vertane Chancen, verlorene Liebe, verletzte Gefühle und vergessene Schuld. Zugleich sucht er nach all dem Glück, all der Freude und all den kleinen Momenten, die die Strapazen wert waren. Eine Flut von Bildern, von Erinnerungen bricht über ihn herein. Alle Barrikaden fallen. Bisher schützten ihn Mauern vor einem Sturm an Gefühlen. Nun fühlt er sich schutzlos – preisgegeben. Er fühlt sich ausgeliefert, wie ausgesetzt. Zunächst droht der Sturm, ihn fortzureißen. Er will es beenden, er will nach etwas greifen, das ihn aus dem Erlebnis rettet. Doch dann atmet er tief durch und wendet sich diesem Dammbruch zu, dieser Erschütterung, dieser Konfrontation mit sich selbst.

Sein Leben liegt vor ihm. Er will Ordnung hineinbringen. Er will alles einzeln betrachten und erneut erleben. Er sieht die Ereignisse wie Filmausschnitte. Jetzt kann er sie bewusst sehen und neu bewerten. Sich dem auszusetzen, fällt ihm schwer, doch es hilft, die Flut zu bremsen.

Aufmerksam beobachtet er jede damalige Entscheidung. Er spürt Gefühl, warum es entstand und wie er damit umging. Langsam gewinnt er Kontrolle. Er entdeckt Freude an Orten, die er für hoffnungslos hielt. Er hat sie damals übersehen, war nicht achtsam genug. Ebenso findet er Trauer an Orten, die ihn einstmals unberührt ließen. Zunächst schmerzt es, aber es ist ein angenehmer Schmerz. Er beweist, dass er lebt und dass seine Handlungen Gültigkeit haben.

Unheil und Segen fließen ineinander. Er kann sie akzeptieren. Schließlich erlöschen auch all die Erinnerungen. Alles was war, geht darin über, was er ist. Er hat verstanden, wie alle Ereignisse sich aneinanderreihen und zusammenhängen. Jeder Tag war es wert, jedes Gefühl war wichtig. Alles hatte einen Sinn, es war Ausdruck seiner Persönlichkeit. Nicht länger ist er leer. Aus dem Dunkel um ihn herum, ergibt sich ein kohäsives Ganzes, das er in sich aufnehmen kann. Er empfindet Klarheit und wohltuende Ruhe.

Minuten, Stunden, Tage sind an ihm vorbei gezogen. Er mag es nicht beurteilen. Wie nach einem langen Schlaf erhebt er sich und öffnet die Tür seiner Kammer – nur einen Spalt breit. Ein schmaler Lichtstreif fällt ins Innere des dunklen Raumes.

Gerade erst hat er seinen Weg begonnen. Es liegt noch viel vor ihm. Er kann ihn sehen, den Rest seines Weges. Um sein Ziel zu erreichen, das, was er sich sehnlichst wünscht, muss er weitergehen. Mit Zuversicht öffnet er die Tür. Die Zuversicht lag an einem einsamen Ort, in einer stillen Kammer, im Wind auf dem Bergpfad, in den Baumwipfeln eines Waldes, in der Fremde. Es reicht. Er kann zurück.

Diese Erfahrung ist nicht meine und nicht die irgendeines anderen. Sie steht ein, wofür ich plädiere. Ein zeitweiser Rückzug, ein Eremiten-Dasein nach eigener Dosierung, soll zu neuer Kraft verhelfen. Was in Stille und Einsamkeit wartet, ist für jeden einzigartig. Nicht zu erforschen, was darin liegt, ist ein Verlust kostbarer Erfahrung.

Die Öffnung für das Unbekannte und Ungewohnte soll gelingen. Sie mag furchterregend sein. Es ist schwer, sich von Vertrautem zu verabschieden. Vertrautes liefert Sicherheit. Doch um scheinbar ausweglose Situationen und Trauer zu bewältigen, braucht es einen neuen Blickwinkel. Es braucht das Wagnis, sich zu öffnen. Ob es ein Gefühl der Wertlosigkeit ist, der Verlust eines geliebten Menschen oder die unergründbare Leere im Herzen, sie können bewältigt werden.

Die letzten Worte gebe ich Ulrich Beer. Mit einem Ausblick, wohin der unentdeckte Weg führt, fügt er das letzte Bild in unser Panoptikum. Doch ich möchte damit schließen, dass der Rückzug kein Allheilmittel ist, sondern ein erster Schritt. Endlose Möglichkeiten stecken in der stillen Reflexion, die die Einsamkeit bietet. Womöglich ist sie der Schlüssel zum kreativen und freien Denken. Vielleicht bietet sie auch die Kraft zum Entschluss, etwas zu ändern, etwas anzugreifen, etwas zu beginnen, die eigenen Bedürfnisse und Emotionen endlich wahrzunehmen oder nach Hilfe zu suchen. Auch die Zuwendung zu anderen kann ihren Ursprung in der Einsamkeit haben. Ohne Heilung oder Besserung versprechen zu können, möchte ich ermutigen, den Schritt zu wagen. Was in der Einsamkeit wartet, ist unvorhersehbar. Doch es sollte entdeckt werden.

5.2 Aus Einsamkeit wird Freiheit

>> *Ulrich Beer*

Die polare Spannung zwischen Einsamkeit und Gemeinschaft, Alleinsein und Sehnsucht nach Zusammensein lässt sich nie ganz aufheben. Sosehr es den Menschen zur Verbindung drängt: Die Einsamkeit ist seine grundlegende Existenzform. Auch die Zeit der Paarbildung ist begrenzt und erstreckt sich – bei den Menschen, die in Paaren leben – auf allenfalls einige Jahrzehnte des mittleren Lebensabschnittes und auch hier nicht auf die ganze Zeit. Und unsere einschneidenden Erlebnisse haben wir allein. Ortega sagt:

> Ein jeder hat sein eigenes Leben zu leben, niemand kann ihn beim Geschäft des Lebens vertreten… Der Zahnschmerz, den er spürt, ist unweigerlich sein eigener Zahnschmerz, er kann ihn nicht einmal teilweise einem anderen abtreten; auch kann kein anderer für ihn auswählen und entscheiden, was er tun und was er sein soll; niemand kann an seiner Stelle fühlen und wollen; und endlich: Es ist ihm unmöglich, durch einen Mitmenschen die Gedanken denken zu lassen, die er denken muss, um sich in der Welt, will sagen der Welt der Dinge und der Welt der Menschen, zu orientieren und die passende Verhaltensweise zu finden… Und da dies für meine gesamten Entscheidungen, Willensakte, Empfindungen zutrifft, so kommen wir nicht umhin, schließlich zu dem Ergebnis zu gelangen, dass das menschliche Leben… wesentlich Einsamkeit, radikale Einsamkeit ist (de Gaulle 1954).

Es ist die polare Spannung zwischen Einsamkeit und Gemeinsamkeit, die wir auszuhalten haben und die uns oft vergessen lässt, dass wir im Grunde einsam sind.

Für die geistige Existenz ist Unabhängigkeit und darum wohl ein hohes Maß an Einsamkeit die Atemluft, ohne die sie ersticken würde. Dies führt auch immer wieder zu der Abwägung, die Kierkegaard – im Anschluss an Sokrates – anstellt:

> Heirate – du wirst es bereuen. Heirate nicht – du wirst es bereuen. Heirate oder heirate nicht – du wirst beides bereuen (Kierkegaard 2012).

Und als Franz Kafka seine Beziehung zu Felice Bauer prüft, mit der er verlobt war und die er heiraten wollte, stellte er – unter dem 21. Juli 1913 in seinen Tagebüchern nachzulesen – all das zusammen, „was für oder gegen meine Heirat" sprach. Da heißt es unter Punkt eins:

> Den Ansturm meines eigenen Lebens, die Anforderungen meiner eigenen Person, den Angriff der Zeit und des Alters, den vagen Andrang der Schreiblust, die Schlaflosigkeit, die Nähe des Irreseins – alles dies allein zu ertragen bin ich unfähig. Vielleicht, füge ich natürlich hinzu. Die Verbindung mit F. wird meiner Existenz mehr Widerstandskraft geben (Kafka und Brod 1967).

Unter Punkt drei heißt es aber bereits:

> Ich muss viel allein sein. Was ich geleistet habe, ist nur ein Erfolg des Alleinseins (Kafka und Brod 1967).

Und zwei Punkte später beschreibt er:

> Die Angst vor der Verbindung, dem Hinüberfließen, dann bin ich nie mehr allein (Kafka und Brod 1967).

Nie mehr allein zu sein scheint ihm fast noch bedrohlicher als immer allein zu sein. Es würde ihn seiner Freiheit und damit seiner Geistigkeit und seiner Schöpferkraft berauben.

Freiheit bedeutet, dass ich schöpferisch den Sinn meiner Existenz bestimmen, ihr Vorzeichen umpolen, auch das Minus in ein Plus verwandeln kann. Statt in Passivität, Depression und Lähmung versinken, kann ich mich dem Tagebuch anvertrauen. Indem ich Briefe schreibe, „trete ich langsam heraus aus meiner Einsamkeit… Ein dritter Weg, in der Sprache aus meiner Einsamkeit herauszutreten, das ist mein Gedicht… Gegen den Kummer anschreiben, die Einsamkeit in Worte fassen, das ist ein schöpferisches Trotzdem" (Hans-Eckehard Bahr).

Teil und Zeichen meiner schöpferischen Freiheit ist auch, dass ich mitten in der Einsamkeit Sinn stifte, Negatives durchkreuze, also das Kreuz zum Pluszeichen werden lasse. So schreibt es Manès Sperber:

> Nur in den Augenblicken der alles verfinsternden Verzweiflung war ich allein. Sonst gelang es, die Zelle mit all jenen zu bevölkern, die mir je etwas bedeutet hatten. Ich kann mit ihnen sprechen, kann sie zu einem Teil meiner selbst werden, sie an meinem Schicksal teilnehmen lassen – wenn auch nur in meinem Inneren, aber dort ist meine Freiheit.

> Wer jetzt allein ist, wird es lange bleiben,
> wird wachen, lesen, lange Briefe schreiben... (Sperber 1985)

hat auch Rainer Maria Rilke in seinem bekannten Herbstgedicht als gleichsam positive Variante, als Alternative zur Verzweiflung anzubieten. Sein so bekanntes Gedicht „Herbsttag" ist von einer wehmütig-heiteren Einsamkeit erfüllt.

Von einer viel kälteren Herbstverlassenheit zeugt das andere – von Friedrich Nietzsche –, an das es trotz allem so sehr erinnert.

> Vereinsamt
> Die Krähen schrein
> Und ziehen schwirren Flugs zur Stadt:
> Bald wird es schnein –
> Wohl dem, der jetzt noch – Heimat hat!
>
> Nun stehst du starr,
> Schaust rückwärts ach! Wie lange schon!
> Was bist du Narr
> Vor Winters in die Welt entflohn?
>
> Die Welt – ein Tor
> Zu tausend Wüsten stumm und kalt!
> Wer das verlor,
> Was du verlorst, macht nirgends Halt.
>
> Nun stehst du bleich,
> Zur Winter-Wanderschaft verflucht,
> Dem Rauche gleich,
> Der stets nach kältern Himmeln sucht.

Flieg, Vogel, schnarr
Dein Lied im Wüstenvogel-Ton! –
Versteck, du Narr,
Dein blutend Herz in Eis und Hohn!

Die Krähen schrein
Und ziehen schwirren Flugs zur Stadt:
– bald wird es schnein,
Weh dem, der keine Heimat hat! (Rilke 1955)

Auch Nietzsche hat immer wieder die verzweifelte Flucht aus der Kälte seiner Einsamkeit angetreten, Freundschaften gesucht und wohl auch – Lou Andreas-Salomé gegenüber – einen Heiratsantrag ausgesprochen. Er wurde nicht erfüllt, und seine Einsamkeit ging in Wahnsinn über. Zugleich war sie Voraussetzung eines der gewaltigsten philosophisch-literarischen Werke seines Jahrhunderts, höchster, gott- und menschenverlassener Freiheit, auf die Spitze getriebener Existenz und einer Einsamkeit, die keine Steigerung mehr zulässt und an der Freiheit in Wahnsinn umschlägt und schließlich im Tode endet.

An dieser Stelle muss auch der Bedeutung des Freitodes als der anderen Möglichkeit im Schnittpunkt von Einsamkeit und Freiheit gedacht werden. Hans Jürgen Baden sagt zutreffend über ihn: „Der Suizid setzt dem unerträglichen Zustand, als welcher die Vereinsamung empfunden wird, ein Ende." Er unterscheidet aber von dem unfreiwilligen Verzweiflungs-Suizid den eigentlichen Freitod, „der seinen Namen zu Recht trägt". „Wir denken an Gestalten der Literatur wie Werther oder in jüngster Vergangenheit an Cesare Pavese, Ernest Hemingway, Klaus Mann, Jean

Améry: Immer ist, wenn sie zur Tat schreiten, eine Aura tödlicher Verlassenheit um sie".

In der Regel wird der Freitod einsam begangen und wächst auch aus der Einsamkeit hervor. Aber: „Nicht in der Einsamkeit lauert die Gefahr, sondern in der Sinnlosigkeit, die überall von den Wänden des einsamen Daseins herabtropft. Durch die Sinnlosigkeit erfolgt die ständige Evokation einer Vereinsamung, welche sich nicht mehr bewältigen lässt" (Baden).

Einsam und nah am Abgrund sind nicht allein die großen Existenzdenker und -dichter. Im Grunde ist es jeder verantwortlich denkende und handelnde Mensch, vor allem aber der, in dessen Kopf die Entscheidungen fallen, die für viele andere lebensbestimmend sind. Menschen in der Verantwortung, vor allem an der Spitze von Gemeinwesen, Unternehmen oder Verbänden, sind oft einsam. Dies hat viele verschiedene Gründe: Respekt ist einer der besten noch. Niemand traut sich an sie heran, mit ihnen vertraut zu sein, wie auch umgekehrt sie ihr Vertrauen rar dosieren müssen.

Ein weiterer Grund liegt darin, anzunehmen, wichtige Leute hätten keine Zeit und man müsse sie schonen, dürfe sie nicht ansprechen. Dieses Vorurteil trifft übrigens in den meisten Fällen nicht zu, weil erfolgreiche Leute in der Regel auch gut organisiert sind, schnell und effektiv arbeiten können.

Entscheidende Menschen sind aber auch deshalb oft einsam, weil Verantwortung schwer teilbar ist. Sie bleiben mit ihren Entscheidungen allein, und bei folgenschweren Entscheidungen drängt sich auch niemand, sie ihnen abzunehmen oder mit ihnen zu teilen. Am einsamsten sind sie natürlich bei Rückschlägen und Misserfolgen. Der Erfolg hat viele Väter – der Misserfolg immer nur einen.

Und dann spielen eine große Rolle Angst und Misstrauen gegen Konkurrenz, Hintergangenwerden, Verrat und Intrige. Am größten allerdings ist die Einsamkeit der Erfolgreichen, wenn ihr Erfolg vergangen ist oder wenn sie gar abgestürzt sind in den Abgrund des Scheiterns.

Charles de Gaulle schrieb einmal:

> Im Tumult der Menschen und Ereignisse war die Einsamkeit meine Versuchung. Jetzt ist sie meine Freundin. Mit welcher anderen sollte man sich begnügen, wenn man der Geschichte begegnet ist (de Gaulle 1954).

Dies klingt bitter und süß zugleich: Zeugnis eines Großen, der die Einsamkeit erfahren und sich mit ihr arrangiert hat.

Einsamkeit, Scheitern und Tod – dies ist ein Dreiklang, in dem jedes auch noch so positiv angesetzte Nachdenken über das Einsamsein wohl ausklingen muss. Wenn wir ehrlich sind, müssen wir zugeben – und jede große Biografie lehrt es uns – spätestens an ihrem Ende: Unser Leben ist zum Scheitern bestimmt. [Ergänzung MG: *Dies ist eine Grundidee und -aussage von Ulrich Beer*].

Nicht nur, dass alle Großen auf Erden scheiterten: Sokrates nahm den Schierlingsbecher, der sein körperliches Ende besiegelte. Seine geistige Bilanz war: „Ich weiß, dass ich nichts weiß." Christus starb am Kreuz und schrie aus einsamer Verzweiflung die Frage in den offenen Himmel: „Mein Gott, mein Gott, warum hast du mich verlassen?" Luthers Fazit war: „Wir sind Bettler, das ist wahr."

Goethe, auf der Höhe des Olymps, sehnt sich in der Finsternis des Todes nach „mehr Licht". Er weiß:

> Alles, was besteht, ist wert, dass es zugrunde geht (von Goethe 1997).

Dies ist bei ehrlicher Überlegung unser aller Bilanz. Auch die größte Weltmacht ist untergegangen, auch der Reichste muss einmal in das „letzte Hemd, das keine Taschen hat", muss wie der reiche Kornbauer hören: „Heute wird man deine Seele von dir fordern, und wes' wird sein, das du bereitet hast?"

Auch das grandioseste Wissen endet mit dem Tod und kann nicht vererbt werden; das Leben aller, die nach Ehrlichkeit streben, verlief anders, als sie es in jungen Jahren wünschten. Es ist bemerkenswert, wie viele heute gefeierte Geister in ihrer Zeit einsam, arm und verbittert, unverstanden und bekämpft von Freunden und Familie verlassen, in geistiger Umnachtung oder durch die eigene Hand endeten. Kein strahlendes Schicksal bleibt bis vor die Schwelle des Todes in Glanz und Glück bestehen; niedergeworfen und gebeugt, geknickt und gedemütigt – gerade die Größten. Und dennoch – der lungenkranke Schiller schrieb Dramen voll geistiger Freiheit, der syphilitische Heine seine schönsten Liebeslieder, der taube Beethoven den „Hymnus an die Freude". Schwermütige Trinker sind die heiteren Realisten des 19. Jahrhunderts, todgeweihte Kranke und Selbstmörder die meisten großen Expressionisten dieser Zeit.

Außerhalb der Kunst, in Politik, Wirtschaft und Gesellschaft sieht es nicht besser aus: Soweit sie nicht durch

Attentäter enden oder durch die eigene Hand, sterben sie in Misserfolg und Einsamkeit und nur wenige in Frieden auf der Höhe des Ruhms und privaten Glücks. Genau genommen ist mir niemand bekannt, auf den das letztere ganz zuträfe. Auch das Dichterwort „Des Lebens ungemischte Freude ward keinem Sterblichen zuteil" ist noch vielversprechend formuliert. Was übrig bleibt am Ende fast jeden menschlichen Lebens, ist die erschütternde Einsicht Salomos: „Alles ist eitel und Haschen nach Wind."

Die guten Absichten verkehrten sich, das eigene Tun löste unbeabsichtigte Wirkungen aus, schlug oft ins Gegenteil um, die Momente des Glücks und die Höhepunkte des Erfolges waren rar und wurden mit allzu hohen Preisen bezahlt: Verzicht auf Ruhe und Behagen, auf Freunde und nahe Angehörige, und forderten vor allem den Preis der Selbstehrlichkeit und der Übereinstimmung mit sich und der eigentlichen Bestimmung.

Diese Bilanz liegt vor uns, wenn wir unser Leben überschauen, und sie ist auch die des halben Jahrhunderts, das dem Fortschritt und der Leistung, der Zivilisation und der Technik, dem Wachstum und der Rationalisierung gewidmet war und das nun zu Ende geht.

Nun heißt es, das Scheitern einzugestehen, die leeren Bettlerhände zu öffnen und von verzweifelten Defensivschlachten abzusehen, die alle den Zweck haben, die Einsicht und die Niederlage zu verhindern.

> Um sein Scheitern zuzugeben, muss man stark sein, um verlieren zu können, muss man in Wahrheit Sieger sein oder an den Sieg dessen glauben, aus dem man lebt.

Die Christenheit hat das Scheitern Jesu auf Erden durch Ostern hinnehmen können, durch den Sieg über den Tod in der Auferstehung. So wird menschliche Kleinheit nur durch den Glauben an die Größe und Güte Gottes verkraftet, die uns trägt und unsere Bettlerhände füllt. Ein Scheitern vor unserem Ende wird nur dadurch erträglich, dass der Tod schon überwunden ist und das eigentliche Leben uns erwartet. Dieses Leben erscheint in lichten Augenblicken wie ein Traum, an den wir uns verlieren und den wir für wirklich halten. Wenn wir ihn zu ernst und wörtlich nehmen, sind wir wie Somnambulisten: stets gefährdet, hart auf dem Boden der realen Wirklichkeit aufzuprallen. Wenn wir aber ein wenig Wachheit behalten, jenen „Streifen Wirklichkeit", von dem Rainer Maria Rilke in seinem Gedicht „Todeserfahrung" spricht, können wir den Traum dieses Lebens infrage stellen, uns über ihn erheben. Wir brauchen uns von dem Alpdrücken, das er enthält, nicht den Mut nehmen zu lassen.

So gehen wir meist auch bei kleineren Misserfolgen schon vor: Wir erinnern uns an Wichtigeres, Größeres, das uns über die Situation erhebt und frei macht.

Wie viel mehr trifft dieses erst angesichts des großen, des totalen Scheiterns als biografischer und historischer Bilanz zu: Wir sind am Ende unserer Möglichkeiten, wo Gott erst am Anfang der seinen ist. Gerade unser Scheitern ist es, das zu diesem Glauben befähigt, ja verurteilt. Wann sonst sollten wir der Allmacht Gottes Vertrauen schenken als in unserer Ohnmacht, wann sonst seinen Chancen als vor den Scherben unseres Scheiterns?

Jeder Gottesbeweis – Kant hat sie alle widerlegt – ist blass gegen den Schrei des Scheiternden: „Herr, hilf!"

Wir hoffen Jahr für Jahr auf die große Wende, den Neuanfang, den Blitz aus dem Himmel und übersehen, dass wir es selbst sind, die neu werden müssen. Wie soll unser Leben etwas erneuern, wenn wir selbst die Alten bleiben? Aber das ist ja das Fatale: Wir wollen weder die Alten bleiben, noch wollen wir älter, noch wollen wir aber auch in Wirklichkeit neu werden. Kein Mensch kann sich so radikal ändern, wie er es im Stillen erhofft. Keiner kann aber auch dem Schicksal entrinnen, mit jedem Jahr sein Leben abgekürzt zu sehen.

Wäre das nicht Grund genug, sich dem bedeutsamsten, allmählichen, wenn auch vielleicht kaum merklichen Wachstum anheimzugeben, statt auf die ungewisse und vor allem unwahrscheinliche Wende zu warten? Könnten wir nicht dem Ende der irdischen Dinge entgegenwachsen und dabei nicht ärmer, sondern reicher, innerlicher reicher werden?

Wird nicht jede unserer Stunden, jedes unserer Jahre, je fühlbarer sie abnehmen, umso kostbarer, soweit sie uns verbleiben? Wer jedes Jahr beginnt, als ob es das erste wäre und zugleich das letzte sein könnte, wird es als ein sorgsam zu hütendes Geschenk hinnehmen, das an Wert gewinnt und nicht verliert.

Er wird den Frühling erwarten und wachsen sehen, die Üppigkeit und Blütenpracht des Sommers genießen, die Fülle und Frucht des Herbstes einbringen und sich der Ruhe und Besinnung des Winters anheimgeben. Er wird die Menschen seiner Umgebung achten und wichtig nehmen und versuchen, ihnen gleichfalls wichtig zu werden und etwas zu geben, was der Erinnerung wert ist. Er wird seine Arbeit so tun, dass sie den Tag überdauert und

Befriedigung gibt – dem, der sie tut, und denen, für die sie geschieht.

Er wird seine Freizeit nutzen als Gelegenheit, innerlich weiterzukommen, sich zu bilden, Einsicht zu gewinnen, Urteilssicherheit und Reife.

Er wird die Ereignisse der Zeit wichtig nehmen, sie verfolgen und zu verstehen suchen – so schwer das gerade in diesen Zeiten fällt –, aber er wird sich nicht sklavisch vom Gang der Zeit abhängig machen, der Mode nachlaufen und dem anhängen, was Rost und Motten fressen. Er wird die Zeit als Chance begreifen, Schritt um Schritt zu ändern.

> Aussichtsreicher als die Wende, die plötzlich kommt, ist das Wachstum, das Zeit braucht. Zeit allerdings, die nicht nur schicksalhaft über uns hereinbricht und beherrscht, sondern Zeit, die wir nutzen, die wir erfüllen, die wir als Chance begreifen, unser Leben und unsere Umwelt zu gestalten. Die vielen unsäglichen kleinen Schritte sind es, die Taten der Liebe und des guten Willens, die Entscheidungen der Vernunft, die Handlungen der Zuversicht, die die Welt am Leben erhalten und die zur Besserung beitragen können.

Wir können alles versuchen: die Welternährung neu orientieren, die Güter neu verteilen, die Waffen verschrotten, die Flüsse filtern, Betonwüsten demontieren – Leben, Wärme, Glanz, Licht, Hoffnung und Sinn kommen dadurch nicht in unsere Welt zurück. Die Aggression wird andere Mittel finden, die Ungleichheit neue Wege, der Neid weitere Repressalien, das Gift andere Namen.

5 Mut zum Alleinsein

Die Sisyphusarbeit aller Ökologen, Pazifisten, Sozialisten und Christen gemeinsam gibt vielleicht ihrem eigenen Leben Sinn auf Zeit. Sie wissen, wofür sie es tun, sie hoffen auf Besserung, und der Aktivismus schiebt das Verhängnis eine Weile hinaus. Auch sie brauchen sich ihr Scheitern noch nicht einzugestehen. Sie stemmen sich gegen eine stürzende Wand, aus der der Mörtel rieselt und die nicht wieder aufzurichten ist.

Mag sie stürzen und damit Kraft frei werden, um uns aus dem Nichts neu zu beginnen, wenn Staub und Schutt verschwunden sind. Damit ist nicht der atomaren Vernichtung oder der weiteren chemischen Vergiftung das Wort geredet, sondern der Besinnung und einer neuen Konzentration der Kräfte auf die einzige Kraft, die uns retten kann. „Widersteht nicht dem Übel" und „Bekämpft das Böse mit Gutem" ist die paradoxe Botschaft der Bibel, und sie behält recht. Nur so kann das Gute siegen; dazu gehört der Rückzug an die äußerste innere Frontlinie: nichts mehr verlangen, nichts mehr wollen, nichts mehr herbeizwingen, was sich ohnehin nicht zwingen lässt; den Frieden von innen her aufbauen und zu nichts die Hand reichen, das diesem Frieden nicht dient. Eine solche Bewegung kann um sich greifen – schneller als eine Revolution. Nur in den offenen Händen des Bettlers, in das offene Herz des Beters, in die offenen Augen des ohnmächtig Hoffenden kann Gott seine neue Hoffnung einpflanzen.

Der Eigenwille des Menschen ist es, der die Welt dahin gebracht hat, wo sie heute ist. Es bleibt ihm nichts, als diesen Eigenwillen aufzugeben und eine Weile demütig zu verharren, bis Gott ihm einen neuen Weg zeigt und damit einen anderen Sinn und eine Bestimmung gibt. Dies wird sich ereignen, wenn wir es wagen umzudenken, und was sich wie Schwäche ausnimmt, ist in Wahrheit Stärke, denn „meine Kraft ist in den Schwachen mächtig", es ist die Kraft, die aus der Krise erwächst, der wir uns stellen, die „Kraft aus der Einsamkeit", die niemandem von uns erspart bleibt – spätestens in der Stunde unseres Todes. Hier werden wir wieder an die Wurzeln, an den einsamen Ursprung unserer Existenz geführt. Hier verlassen wir alle noch so angenehme Gemeinschaft, jede noch so belastende Gesellschaft. Wir sollten auf diesen letzten Gang vorbereitet sein: bei uns selbst, seelisch und geistig, aber auch für andere, gesellschaftlich und praktisch.

> Antoine de Saint-Exupéry: Eisig, o Herr, ist zuweilen meine Einsamkeit. Und ich begehre nach einem Zeichen in der Wüste meiner Verlassenheit. Doch im Laufe eines Traumes hast Du mich belehrt. Ich habe begriffen, dass jedes Zeichen eitel ist, denn gehörtest Du meiner Stufe an, so zwängst Du mich nicht zum Wachsen. Und was vermag ich anzufangen mit mir, o Herr, so wie ich bin?
>
> Darum wandere ich und forme Gebete, auf die keine Antwort erteilt wird, und habe als Führung, so blind bin ich, nur eine schwache Wärme auf meinen zerschundenen Handflächen, und doch lobe ich Dich, Herr, weil Du mir nicht antwortest, denn wenn ich gefunden habe, was ich suche, Herr, wird mein Werben vollendet sein (de Saint-Exupéry 1951).

> **Einsamkeit ist Scheitern und Weiterkämpfen**
>
> Das Scheitern ist natürlich und unvermeidlich. Wie wir entscheiden, damit zu leben, ist das, was zählt. Statt das Scheitern zu fürchten, sollten wir uns ihm stellen. Statt es von uns zu stoßen, sollten wir es als Teil von uns akzeptieren. Statt den Gedanken daran zu unterdrücken, sollten wir ihn nutzen. Die Freiheit, die wir im Alleinsein genießen, hilft bei alldem. So vereinen sich Schöpfungskraft, Erholung, Meditation und Selbstfindung in einem Rückzug auf Zeit.

Literatur

Gaulle, C. de. (1954). *Memoiren, Der Ruf 1940 bis 42*. Frankfurt a. M.: Fischer.
Goethe, J. W. von. (1997). *Faust: Eine Tragödie (Erster und zweiter Teil)*. München: Dtv.
Kafka, F., & Brod, M. (Hrsg.). (1967). *Tagebücher 1910–1923*. Frankfurt a. M.: Fischer.
Kierkegaard, S. (2012). *Entweder – Oder*. Norderstedt: Jazzbee.
Rilke, R. M. (1955). *Sämtliche Werke*. Frankfurt a. M.: Insel.
Saint-Exupéry, A. de. (1951). *Die Stadt in der Wüste*. Stuttgart: Europäischer Buchklub.
Sperber, M. (1985). *Geteilte Einsamkeit*. Zürich: Europa-Verlag.

MIX
Papier aus verantwortungsvollen Quellen
Paper from responsible sources
FSC® C105338

If you have any concerns about our products,
you can contact us on
ProductSafety@springernature.com

In case Publisher is established outside the EU,
the EU authorized representative is:
**Springer Nature Customer Service Center GmbH
Europaplatz 3, 69115 Heidelberg, Germany**

Printed by Libri Plureos GmbH
in Hamburg, Germany